차우진
콘텐츠 산업 분석가.

음악과 디지털 산업, 문화 전반의 분야를 넘나들며 관찰자이자
연구자·작가·평론가 무엇보다 소비자로 살고 있다. 네이버를
비롯한 IT회사에서 콘텐츠를 기획하고 『매거진t』를 비롯한
온라인 매거진에서 기자로서 산업 전반을 취재해 왔다. 음악 웹진
'weiv'의 편집장, 프리랜스 칼럼니스트, 스타트업의 콘텐츠
디렉터로도 일하며 20년 넘게 패션 매거진·시사 주간지·
정보 기관지·일간지·웹 매거진 등에 다양한 글을 썼다.
2020년부터는 뉴스레터 'TMI.FM'을 발행하고 'MIT'(뮤직
인더스트리 토크)라는 오픈채팅방을 운영하며 디지털 산업
전반의 변화와 흐름을 여러 산업의 관점에서 다각도로 이야기하고
있다. 그러면서 스스로를 더욱 '분야와 분야를 연결하는
사람'이라고 느꼈고, 그 위치에서 할 수 있는 일을 더 많이
찾을 수 있다고 생각하며 찾는 중이다.
『케이팝의 역사, 100번의 웨이브』(공저) 『대중문화 트렌드
2018』(공저) 『청춘의 사운드』 등을 썼고, 티빙 오리지널
다큐멘터리 『케이팝 제너레이션』(2023)의 스토리 총괄
프로듀서로 참여했다.

마음의 비즈니스

마음의 비즈니스

핑크퐁에게 배우는
팬덤과 콘텐츠 비즈니스

차우진 지음

유

핑크퐁으로부터 무얼 배울 수 있을까?

"아기상어 알아요? 대박이에요!"

2018년 겨울, 함께 일하던 동료가 업무 얘기를 하던 중에 이렇게 얘기했다.

그때 우리는 새로운 환경에서 '터지는' 콘텐츠가 뭔지, 미디어가 변화하면서 사람들의 관심과 콘텐츠 산업은 어떻게 될지에 대해 얘기하던 중이었다. 그런데 '아기상어'라니? 물론 아기상어의 유명세와 영향력은 어느 정도 알고 있었지만 자세히 알지는 못했다. 그래서 찾아봤다. 유튜브 조회수가 매우 높아서 깜짝 놀랐다. 그리고 이 사례가 이미 유튜브에서 '터지는 콘텐츠의 비법'을 고민하던 스타트업과 크리에이터들에게 유명하다는 것도 알게 되었다. 얼마 뒤인 2019년 1월, 「핑크퐁 아기상어」가 2주 연속 빌보드 핫100*에 진입했다는 소식을 접했다. 음악평론가로서 이에 대해 어떻게 생각하는지 의견을 묻는 기자들의 전화를 받으면서 생각했다.

'도대체 무슨 일이 벌어지고 있는거지?'

나는 오랫동안 음악과 그 주변을 관찰하는 일을 해 왔다. 이 음악이 인기 있는 이유를 비롯해 음악가가 왜 정당한 수익을 얻지 못하는지 혹은 인터넷이 음악 비즈니스를 어떻게 바꾸어 놓았는지 등에 대해 살피고 정리했다. 그 과정에서 '글 쓰는 사람'에 대해서도 깊이 고민했다. 어떻게 하면 좋은 글을 쓸까. 어떻게 하면 많은 사람들이 읽게 할까. 어떻게 하면 좋은 기획을 제안해서 충분한 예산을 따낼 수 있을까. 20대부터 이런 생각으로 사람을 만나고 기획안을 쓰고 프로젝트를 진행했다. 회사 안에서도 밖에서도 마찬가지였다. 그러니까 음악이든 글이든, 문제는 늘 콘텐츠였다.

★ 빌보드에서 매주 발표하는 두 메인 차트 가운데 하나. 핫100은 피지컬 싱글 및 디지털 음원 판매량·스트리밍 수치·유튜브 조회수 등을 총 집계해 발표하고, 다른 메인 차트인 빌보드200은 앨범 및 EP 판매량·스트리밍 등을 총 집계해 발표한다.

한국의 미디어 환경은 2000년대 내내 급변하고 있다. 특히 2015년부터 2020년 사이에는 국내뿐 아니라 글로벌 산업 구조의 변화에 따른 소용돌이에 휘말렸다. 유선 인터넷에서 무선 인터넷으로, 웹에서 앱으로, IPTV에서 OTT*로, 가히 미디어 혁명이라고 부를 만한 일들이 순식간에 벌어졌고, 구글과 애플, 넷플릭스, 스포티파이, 틱톡 같은 글로벌 기업의 정책 변화가 한국의 미디어 생태계에도 영향을 미칠 정도로 영향력이 커지고 있다.

2015년부터 2020년 사이, 나는 운 좋게 여러 스타트업에서 일하며 콘텐츠 다루는 업무를 맡았다. 근속 기간은 짧았다. 내 역량의 한계 때문이기도 했고 급변하는 업계의 속도 때문이기도 했다. 다만 나는 그 기간에 음악뿐 아니라 TV와 출판 등 미디어 산업 전반이 어떻게 바뀌는지, 사람들의 말과 행동과 생각이 어떻게 변화하는지 근거리에서 살펴볼 수 있었다. 특히 젊고 영리한 동료들과 함께 '터지는 콘텐츠'가 무엇인지 고민하고 그 공식을 찾으려고 애썼다. 시간이 지날수록 한 방에 터지는 것보다 '계속' 만드는 게 중요하다는 걸 몸으로 배울 수 있었다. 과연 오늘 하는 일을 내일도 모레도 내년에도 하려면 무엇이 필요할까.

---

* Over The Top. 인터넷을 통해 방송 프로그램·영화·교육 등 각종 미디어 콘텐츠를 제공하는 서비스. 'over the'는 '기존의 범위를 넘어서'라는 뜻이고, top은 TV 셋톱박스 같은 단말기를 의미한다.

아기상어는 이런 고민에 대한 힌트라고 생각했다. 2019년 「핑크퐁 아기상어」의 빌보드차트 진입을 계기로 이 현상을 오랫동안 생각해 왔다. "아기상어 알아요? 대박이에요!"라는 동료의 말 한 마디에서 시작된 호기심은 지속적인 관찰로, 나름의 분석으로 이어졌다. 많은 사람이 넷플릭스에 환호하고 BTS의 성과에 열광할 때 핑크퐁은 조용히, 그러면서도 확실하게 자신의 영향력을 꾸준히 넓히고 있었다.

콘텐츠 비즈니스에 대한 정의는 각양각색이다. 누군가는 구독 모델을 이야기하고, 누군가는 간접 광고PPL (Product Placement)의 효율성을 이야기한다. 누군가는 커뮤니티를 말하고 누군가는 IP 확장을 주장한다. 이중에 정답은 없다. 그저 각각의 상황에 따라 적합한지 부적합한지로 나뉠 뿐이다. 다만 나는 콘텐츠 비즈니스에 관해서는 늘 지속가능성을 더 생각하게 된다. 지속가능성이란, 연속적으로 발생하는 여러 문제들을 하나씩 해결해 나가는 과정에서 발견된다.

비즈니스는 문제 해결의 방법론이다. 그 어떤 콘텐츠도 처음부터 성공을 예측할 수가 없고, 그렇다면 그저 해야 할 일을 해 나가는 과정이 중요할 것이다. 성과는 그 후에 따라오는 결과다. 지난 20여 년간 인터넷 서비스 기획자, 엔터테인먼트 전문기자, 커뮤니티 운영자, 음악·산업 평론가, 콘텐츠 기획자, 뉴스레터 운영자 등으로 일하며 마주친 수많은 음악·영화·드라마와 출판물 대부분이 그러한 과정을 거치며 성공했다. 아니, 그들에게 '성공'이란 표현은 부적절할지 모른다. 그들은 그저 해야 할 일을 하고, 눈앞의 문제를 하나씩 해결해 나갔을 것이기 때문이다. 따라서 2019년 이후 지금까지 내가 '아기상어'라는 캐릭터, 「핑크퐁 아기상어 체조」라는 콘텐츠, '핑크퐁'이라는 브랜드의 성과를 관찰하면서 발견한 것은 오히려 단 하나의 질문이다.

'이들은 어떻게 문제를 해결했을까?'

그들이 직면한 문제란 이런 것이다. 교육 콘텐츠는 새로운 미디어 환경에 어떻게 대응할 수 있을까? 그렇게 달라진 미디어 환경에서 핑크퐁은 콘텐츠를 어떻게 기획해야 할까? 유아동 콘텐츠의 지속가능성은 어떻게 해결할 수 있을까? 누가 핑크퐁에 열광하는가? 핑크퐁의 사업적 본질은 무엇인가? 더핑크퐁컴퍼니는 콘텐츠 비즈니스를 해야 할까? 핑크퐁이라는 콘텐츠 IP는 어떻게 확장할 것 인가?

이 책을 읽는 여러분도 이와 비슷한 문제를 가졌을 것 이라고 본다. 이 문제들을 단순하게 정리해 보면 대체로 다 음과 같다.

- 잘 팔리는 콘텐츠를 기획하고 싶다
- 콘텐츠의 IP를 비즈니스로 전환하고 싶다
- 글로벌 비즈니스로 확장하고 싶다
- 콘텐츠나 브랜드의 팬덤을 얻고 싶다
- 좋아하는 것을 계속 좋아하고 싶다

나는 이러한 고민이 단순히 돈을 많이 벌고 싶다거나 큰 규모의 사업을 일으키고 싶은 것과는 조금 다른 결을 가 진다고 생각한다. 콘텐츠를 사업화하는 것은 단순히 제품 을 파는 것과는 다르기 때문이다. 그래서 나는 이러한 사업 을 '마음의 비즈니스'라고 부른다. 왜 '마음의 비즈니스'인가? 콘텐츠가 마음과 마음을 연결하기 때문이다. 또한 그 마음을 토대로 다른 이야기를 쌓아 가기 때문이다. 그렇게 쌓인 이야기가 때로는 성공으로 이어진다. 단지 인기가 많다거나 관련 제품을 많이 팔았다는 것은 여기에 해당되지 않는다. 아니, 마음이 모이고 쌓인 결과가 그러한 성공으로 이어졌다고 믿는다. '마음의 비즈니스'란 바로 그렇게 사람의 마음으로 들어가는 열쇠이자 그렇게 열린 마음을 잘 닫는 문제 해결 방식이기도 하다.

핑크퐁은 과연 어떻게 자신만의 '마음의 비즈니스'를 펼치고 있을까? 그걸 알아보기 위해 더핑크퐁컴퍼니(옛 스마트스터디)의 많은 사람들을 만났다. 그래서 이 책은 일종의 리포트다. 콘텐츠를 기반으로 세상에 목소리를 내고 싶은 사람들, 마음과 마음을 잇고 싶은 사람들, 그를 통해 일하는 마음을 다스리고 지속가능한 구조를 짜고 싶은 사람들에게 도움이 되길 바라는 마음으로, 이 책을 썼다.

Chapter 1

더핑크퐁컴퍼니,
문제를
해결하며
성장한
회사

2022년 1월 6일 '스마트스터디'는 사명을 '더핑크퐁컴퍼니'로 바꿨다. 이름만 바꾼 게 아니라 회사의 비전도 '글로벌 패밀리 엔터테인먼트 기업'으로 전환했다. 이것은 무슨 의미일까? 적어도 내게는 기업의 자산과 비전을 일치시키며 선택과 집중의 대상을 재정비한다는 뜻으로 보인다. 여기서 기업의 자산은 '핑크퐁'이고, 비전은 그들이 밝힌 그대로 '글로벌 + 패밀리 + 엔터테인먼트'다. 이것이야말로 스마트스터디가 핑크퐁으로 큰 성과를 거두고, 나아가 이 성과를 토대로 더 큰 꿈을 꾸고자 고민한 결과라고 본다.

더핑크퐁컴퍼니는 자사 대표 브랜드 핑크퐁을 핵심에

두고, 창업 초기에 정체성으로 삼았던 '유아동 교육 기업'이라는 틀을 확장하여 '온 가족이 즐길 수 있는 문화'를 지향한다. 이를 위해 기존 타깃인 유아동을 더욱 적극적으로 충성 고객으로 공략하는 동시에 웹툰·웹소설·스포츠 등 새로운 분야에 진출하기로 결정했다. 이러한 맥락에서 해외 법인도 설립하고, NFT, 메타버스 분야 진출도 진지하게 고민한다. 타깃을 더 넓히는 방향이다. 목표는 글로벌이다.

이제는 좋은 콘텐츠를 만드는 것보다 좋은 IP를 확보하는 것이 중요해졌다. 좋은 콘텐츠와 좋은 IP의 차이는 뭘까? 확장성이다. 콘텐츠 비즈니스는 낚시와 비슷하다. 해가 뜨기 직전, 어떤 낚시꾼은 큰 고기를 잡을 생각으로 낚싯대를 들고 바다에 나서지만 어떤 낚시꾼은 많은 고기를 잡을 수 있는 그물을 다듬는다. 과거의 콘텐츠 산업은 시장에서 먹힐 만한, 성공할 수 있는 콘텐츠를 만드는 데 심혈을 기울였다. 책도, 음악도, 영화·드라마·뮤지컬도 모두 마찬가지였다. 그래서 판매량과 시청률이 무엇보다 중요했다. 성공한 콘텐츠는 말 그대로 높은 가치를 가진 핵심 자산이었다.

하지만 지금은 달라졌다. 정확히 말해 판매량과 시청률은 여전히 중요하지만 그 '중요한 이유'가 달라진 것이다. 콘텐츠는 하나의 열쇠이자 연결고리로서 더 가치 있어졌다. 하나의 가치가 더 많은 가치'들'로 연결되는 계기, 거대한 고기 한 마리가 아니라 다양하고 수많은 고기를 잡을 수 있는 그물, 이것이 바로 IP다. 스마트스터디의 핵심 IP는 '핑크퐁'이다. 스마트스터디가 더핑크퐁컴퍼니로 사명을 바꾼 것은 콘텐츠 비즈니스에서 IP 비즈니스로 전환하기 위한 고민을 거듭한 결과인 셈이다.

그래서 더핑크퐁컴퍼니는 콘텐츠의 라인업을 확장하는 작업이 한창이다. 인간형 캐릭터가 등장하는 3D 애니메이션 『베베핀』을 제작하고, 2D로 제작한 공룡 애니메이션도 공개한다. 기업의 핵심 기반인 2~5세 넓게는 0~7세 유아동의 관여도를 계속 높이는 전략이다. 핑크퐁과 아기상어 캐릭터는 2차 콘텐츠로 재생산한다. TV와 OTT에서 활용할 수 있는 시리즈와 극장용 애니메이션을 제작한다. 2020년 미국 넷플릭스 5위권에 들었던 『핑크퐁 시네마 콘서트』의 후속작과 미국 내 유아동 콘텐츠 시청률 1위를 기록한 『베이비샤크 빅 쇼』의 시즌 2와 극장판이 준비된다.

웹툰과 웹소설도 있다. 이 부분이 흥미롭다. 10대뿐 아니라 20대까지 타깃으로 삼기 때문이다. 이를 위해 네

이버 웹툰의 인기작인『하렘의 남자들』『재혼황후』등을 제작한 '엠스토리허브'와 손잡고 합작 법인 '문샤크'를 설립했다. 문샤크에서는 K-POP·EDM·판타지 요소를 섞은 하이틴 로맨스를 선보인다. 당연히 음원도 발매된다. 이외에도 애니메이션 스튜디오 '밀리언볼트'와 함께 MZ세대를 타깃으로 '씰룩'을 선보였다. 씰룩은 지구 끝에서 만난 물범들의 이야기를 담은 국내 최초의 '과몰입' 3D 관찰 애니메이션으로, 공개 후 2개월 만에 유튜브 실버버튼을 수상하며 흥행 가도를 이어 가고 있다. IP 비즈니스는 성공할 만한 콘텐츠를 만드는 일일 뿐 아니라 초기 기획 단계부터 다른 영역으로 확장할 수 있는 구조를 구축하는 일이기 때문이다. 오리지널 IP가 여러 미디어로 확장되면서 마치 촘촘한 그물을 짜는 것처럼 전개된다. '제페토' 같은 증강현실AR(Augmented Reality) 플랫폼과 협업하거나 NFT 작품 시리즈『베이비샤크 컬렉션: 넘버원』을 발매한 것도 모두 같은 맥락이다.

그렇다면 더핑크퐁컴퍼니는 어떻게 콘텐츠 사업에서 IP 비즈니스로 전환할 수 있었을까? 어떤 선구안이 있어서 시장의 변화를 예측하고 적절하게 대응할 수 있었을까? 이런 의문이 생길 수밖에 없다. 나는 핑크퐁이라는 콘텐츠가 슈퍼 IP로 발전하는 과정을 '문제의 발견과 재정의'라는 관점으로 조명해 보기로 했다.

이를 위해서는 먼저 더핑크퐁컴퍼니의 과거를 짚어 보아야 한다. 더핑크퐁컴퍼니의 전신인 스마트스터디는 삼성출판사의 관계사였다. 삼성출판사의 전신은 김봉규 회장이 1951년 '책으로 민족을 일으킨다'는 신념으로 전남 목포에 문을 연 서점이었다. 이 작은 서점은 총판을 거쳐 출판사로 변신해 국내 최대 문학 전집 출판사로 자리매김했다.

김봉규 회장의 아들인 김진용 대표는 1992년 삼성출판사의 대표로 취임하고, 가장 먼저 방문판매제를 폐지하면서 유아동·여성·실용 도서 중심의 출판사로 변화를 꾀했다. 당시 국내에는 다섯 곳뿐이던 도서 수출업체 중 하나이기도 했던 삼성출판사는 1990년대에 급속하게 퍼스널컴퓨터가 보급되자 월간지 『HOW PC』를 발행하면서

21세기의 교육을 재정의하고, 달라진 환경에서 새로운 독자를 발굴했다. 이 출판사에게 교양, 즉 교육과 학습은 지켜야 할 전통이자 새로운 시대를 개척하는 무기였다.

1980~1990년대 한국사회의 가장 큰 이슈는 '미래'였다. 1986년부터 1989년까지 전 세계적으로 저금리·저유가·저달러 현상이 벌어졌고, 수출 위주의 경제 구조를 가진 한국은 그 효과로 '단군 이래 최고의 경제 호황'을 누렸다. 경제 호황의 시대에는 자원의 분배가 중요해진다. 사회적 불균형은 1987년 노동자대투쟁으로 이어졌고, 그 결과 상승한 노동 임금과 생산력은 한국의 생활 및 소비 수준을 높였다. 이 시기 한국의 노동계급은 임금 상승·부동산 확보·교육 등을 통해 중산층으로 이동할 수 있었다.

1989년에 끝난 '3저 호황'은 1997년 외환위기 직전까지 영향을 미쳤고, 생활 수준의 변화에 맞게 삼성출판사는 독자들에게 여성과 실용, 퍼스널 컴퓨터라는 새로운 교양을 제시하면서 사업성과 자산을 확보했다. 하지만 이런 전반적인 사회 변화는 삼성출판사 입장에서는 안전한 기회라기보다 어렵지만 풀어야 하는 문제에 가까웠을 것이다. 출판업은 책을 만들어 판매하는 사업으로, 대중의 변화를 재빨리 파악해 적절한 때 양질의 책을 제작하는 역량이 필요하다. 이른바 트렌드보다 너무 빠르지도, 느리지도 않아야 하는 감각의 시장인 것이다.

그런데 1990년대와 2000년대의 한국 시장은 굉장히 빠르게 변했다. 한국의 사회·정치·문화·산업 전반에 깔려 있던 '미래'라는 화두는 2000년대 지식정보 산업 투자로 이어졌고, 동시에 전 영역에 걸쳐 디지털이라는 전대미문의 문제와 직면했다. 대표적인 것이 '콘텐츠'라는 개념이다. 콘텐츠의 사전적 정의는 '인터넷 등의 통신 네트워크를 통해 제공되는 각종의 멀티미디어 디지털 정보'다. 다시 말해 콘텐츠는 디지털로 가공된 프로그램, 영화·음악·게임 소프트웨어 등 내용물만을 가리키는 것이 아니라 '내용물+네트워크', 즉 내용물이 네트워크에 놓이고 확산되는 일 전체를 뜻한다.

이게 왜 문제였을까? 음악을 예로 들자. 인터넷 이전 시대에 음악 산업의 최종 목표는 음반 판매였다. 음악을 들으려면 음악이 담긴 음반을 구매해야 했기 때문이다. 가수의 방송 활동·뮤직비디오·콘서트·광고는 모두 음반 판매를 촉진하고자 마련되었다. 이때의 음악은 사실상 음반과 같은 뜻이었다.

디지털과 네트워크의 시대가 오자 음악과 음반은 분

리되었다. 그뿐 아니라 음반에서 분리된 음악이 'MP3'라는 디지털 포맷으로 네트워크를 통해 이동했다. 이 때문에 음악 산업은 대혼란기를 겪었고 지금도 겪고 있다. 음악이 자유롭게 네트워크를 이동하게 되자 음반이 팔리지 않았기 때문이다. 그로부터 20여 년 동안 음악(혹은 음반)을 팔려는 여러 아이디어가 시도되었지만 대부분 실패했다. 디지털로 전환된 음악은 다운로드와 스트리밍을 거치며 이제는 거의 공짜처럼 여겨지고 있다. 사람들에게 거의 공짜처럼 인식되는 음악(혹은 콘텐츠)을 가지고 어떻게 돈을 벌 것인가? 그리고 이러한 음악계의 문제는 영상과 출판 등 거의 모든 콘텐츠 업계의 문제가 되었다. 삼성출판사도 예외가 아니었다.

새로운 문제의 등장: 아이폰과 아이패드

2007년 10월, 애플은 '아이폰'을 공식 출시했다. 한국 시장에는 여러 이유로 2009년 말에야 출시되었다. 아이폰의 모태는 MP3 플레이어인 '아이팟'이었다. 당시 모바일 음악 시장은 한국과 일본이 주도하고 있었다. 1990년대

말 한국과 일본의 휴대전화 시장은 무선 통신 인프라를 기반으로 빠르게 활성화되었고, 그로부터 벨소리 다운로드 기능이나 'MP3폰' 등 신제품이 인기를 얻고 있었다.

2009년 모바일 음악 시장은 137억 달러 수준이었지만, 1년 만에 2배 이상 성장했다. 아이튠즈와 아이팟으로 북미 지역의 음악 시장을 선도하던 애플은 아이팟의 업그레이드 모델로서 전화·카메라·MP3 플레이어를 결합하고 무선 인터넷과 앱스토어로 생태계를 구축하는 아이폰을 만들었다. 그리고 수년 뒤 모바일 음악 생태계는 스마트폰 중심으로 재편되었다. 아이폰 출시는 음향 기기 업체에도 영향을 미쳤다. 아이폰 전용 이어폰·헤드폰·스피커와 젠더 등이 출시되어 '아이폰은 음악 플레이어'라는 인상을 강화했다.

이를 기점으로 한국에서도 본격적인 스마트폰 시대가 열렸다. 특히 아이튠즈에서 진화한 앱스토어로 생태계를 조성한 애플은 하드웨어와 소프트웨어 시장을 연동하며 압도적인 시장 장악력을 발휘했다. 애플은 사실상 휴대폰이 아니라 휴대용 컴퓨터를 발표한 것이었다.

2009년 아이폰의 한국 출시는 두 가지 변화를 이끌었다. 하나는 국내 무선 통신망 사업 인프라의 변화다.

2009년 이전까지 한국 정부는 스마트폰에 위피WiPi라는 한국형 무선 인터넷 표준 플랫폼을 의무적으로 탑재하도록 했고, 이 정책 때문에 아이폰의 국내 출시가 늦어졌다. 결국 2009년 4월에 위피 의무화가 폐지되어, 아이폰 출시 이후 한국의 스마트폰 경쟁 체제가 본격화되었다.

또 하나는 모바일 스트리밍 산업의 발전이다. 2008년 스포티파이는 스트리밍 방식의 음악 서비스로 출시되어 세계적인 인기를 얻었다. 애플은 스트리밍에 부정적이었지만, 결국 2009년 음악 스트리밍 서비스 업체인 라라미디어를 인수하면서 온라인 음악시장의 변화에 대응했다. 그 이후는 알고 있는 그대로다. 음악 청취에서 가장 중요한 요소는 '구매'가 아니라 '접속'이 되었다. 사용자들은 더 이상 음악 파일과 플레이리스트를 컴퓨터와 휴대용 기기에 동기화하려고 애쓰지 않아도 되었다. 무엇보다 저장 용량을 걱정할 필요가 없어졌다.

애플은 이 여세를 몰아 태블릿PC인 아이패드를 출시했다. 1세대 아이패드는 2010년 4월 3일에 등장했다. 당시 아이폰이 '듣기'에 최적화되었다면 아이패드는 '보기'에 최적화된 기기였다. 동영상뿐 아니라 이미지와 텍스트까지 망라하는 아이패드는 콘텐츠 산업 전반에 큰 영향을 미치리라 예상됐다. 기존 출판사·잡지사·미디어 기업들도 아이패드에 적응해야 했다. 아이폰과 아이패드는 기회이자 도전, 무엇보다 빠르게 풀어야 할 중요한 문제였다.

미디어 전환기, 달라진 환경에 어떻게 적응할까

2010년 6월, 더핑크퐁컴퍼니가 당시 이름, 스마트스터디로 출범했다. 아이패드가 출시된 지 정확히 두 달 뒤였다. 창업자인 김민석 대표는 삼성출판사 김진용 대표의 아들로, 대학 시절 게임회사 넥슨에서 인턴 생활을 했고, 2007년 연세대학교 화학공학과를 졸업한 뒤에는 NHN에 입사해 총 7년간 게임 업계에 몸담았다. 2008년 12월부터 삼성출판사에 합류해 디지털 콘텐츠를 총괄하는 N그룹장을 겸직하던 그는 교육 콘텐츠에 대한 비전을 확인하고, 2010년에 네이버 및 네오위즈 출신의 게임회사 개발자들과 함께 더핑크퐁컴퍼니를 창업했다.

공동 창업자인 이승규 부사장도 IT 업계에 몸담고 있었다. 1999년 개설된 포털사이트 프리챌에서 사회생활을 시작한 그는 넥슨에서 사업개발팀장을 맡으며 '마비노기'

'메이플스토리' 등의 대작 게임 출시에 기여했다. 2010년 더핑크퐁컴퍼니를 공동 창업하고, 2015년 '시리즈A' 투자를 유치하는 데 기여했으며, 이후 국내외 사업개발 부문을 총괄하고 있다.

두 사람은 넥슨에서 처음 만나 오랜 시간 인연을 이어가다 2010년 더핑크퐁컴퍼니의 공동 창업자로 다시 만났다. 게임으로 시작된 인연이 교육으로 전환된 것이다. 이들은 스마트폰 환경의 혁신성을 곧바로 파악하고, 교육 콘텐츠를 어떻게 적용할지 고민했다. 핵심은 '재미'였다. 철저히 재미 요소로 움직이는 게임 업계의 노하우를 교육에 접목한 것이다. 그 당시 사명, 스마트스터디의 '스마트'는 바로 이러한 지향점을 드러낸다. 학습보다는 '놀이'를 더 중요하게 여긴 것이다. 스마트폰 열풍에 시기적절하게 탑승할 수 있었던 운도 컸지만, 교육에 대한 관심과 게임 업계에서 일한 경험이 잘 맞물린 결과이기도 했다.

더핑크퐁컴퍼니가 내놓은 교육용 앱 '핑크퐁' 시리즈는 2022년 기준으로 총 164개국에서 출시되었는데, 그중 112개국 앱 마켓에서 교육 부문 매출 1위를 기록했다. 유튜브 누적 구독자 수는 1억2천만 명, 누적 조회수는 700억 건이다. 지난 10년간 한국에서 가장 빨리 성장한 회사 가운데 하나가 된 이들은 어떻게 이런 성과를 낼 수 있었을까? 앞서 말했듯, 문제 해결의 관점으로 살펴보자.

앱 생태계라는 문제

아이폰의 등장으로 앱 생태계가 출현했다. 앞으로는 웹이 아니라 앱 기반의 비즈니스가 대세가 되리라는 전망 속에서, 더핑크퐁컴퍼니는 앱을 '출판의 확장'으로 이해했다. 교육용 책을 출판하듯 교육용 앱을 출시했다. 게다가 앱은 글로벌 출시도 쉬웠다. 이를 위해서는 개발자 중심으로 조직을 꾸려야 했다. 게임은 IT의 최전방에 있는 업종이고, 단지 웹 기반 비즈니스를 하는 곳이 아니라 콘텐츠·비즈니스 모델·글로벌 전략이 하나로 통합된 분야였다. 무엇보다 사용자 중심의 사고방식이 아니면 생존하기 어려운 업계를 경험했다는 점이 초기 더핑크퐁컴퍼니의 앱 생태계 진출을 비교적 수월하게 했다.

콘텐츠라는 문제

그렇다 해도 앱은 형태일 뿐, 결국 중요한 건 콘텐츠였다. 당시 출시되던 한국의 앱은 대체로 완성도가 떨어졌다. 개발 조직 중심으로 앱 출시가 이뤄지면서 그래픽 디자인이나 UX*가 세련되지 못한 앱이 대부분이었다. 더핑크퐁컴퍼니는 콘텐츠의 완성도를 높이는 것을 우선으로 삼았다. 특히 교육용 콘텐츠는 유아를 대상으로 하기 때문에 아이와 보호자라는 두 그룹을 사로잡아야 했다. 내용 면에서는 아이들의 눈높이에 맞춰 단순하고 재미있어야 했고, 외형 면에서는 보호자의 눈높이를 만족시킬 만큼 세련되고 고급스러워야 했다.

이런 부분은 다분히 감각적이면서도 조직적인 영역이다. 만드는 쪽의 생각·가치관·경험이 온전히 반영될 뿐 아니라 조직 내외에 어떤 의사결정 구조가 존재하느냐에 따라 만족할 만한 결과물이 나오기도 나오지 않기도 하기 때문이다. 더핑크퐁컴퍼니는 관계사의 조직 구조와 무관하게 처음부터 스타트업으로서 새로운 비즈니스를 꾸렸고, 이 점은 젊고 유능한 직원을 대거 영입할 수 있는 기반이 되었다.

유튜브라는 문제

초기부터 앱 생태계에 대응한 더핑크퐁컴퍼니는 계속해서 앱을 출시하며 글로벌 구독자를 모았다. 6천 편 이상의 콘텐츠는 영어·일본어·중국어(간체/번체)·스페인어·

---

* User Experience. 사람들이 제품·서비스·앱 등의 소프트웨어를 비롯한 다양한 시스템을 사용하면서 겪는 느낌·편리성·감각 등으로, 흔히 각 분야에서 전반적인 사용자 경험을 개선하기 위한 설계 영역을 지칭한다.

러시아어·인도네시아어·말레이시아어·태국어·필리핀어·베트남어·독일어·네덜란드어·몽골어·이탈리아어·프랑스어·포르투갈어·아랍어 등 25개국 언어로 제공된다. 카테고리도 동물·공룡·생활습관·ABC·자동차·구구단·숫자놀이·크리스마스·리듬게임에 이르기까지 광범위했다. 모바일 게임처럼 인앱In-App 결제로, 매출도 꾸준히 늘어서 연 매출이 10억, 30억, 100억 원대로 불어났다. 아이폰과 아이패드가 주도하는 앱 생태계에 누구보다 빨리 진입하고 적응하려고 더 노력한 결과였다.

여기에다 웹의 확장도 만만치 않았다. 특히 싸이의 「강남스타일」이 사상 초유의 조회수를 기록하고 영향력을 과시했던 2012년 이후부터 웹에서는 유튜브가 대세가 되고 있었다. 앱 기반 콘텐츠 사업을 하는 더핑크퐁컴퍼니는 유튜브를 두고 결단을 내려야 했다. 유튜브에서 콘텐츠란 (광고를 봐야 한다고 하나) 결국 무료로 공개되는 것이었기 때문이다.

치열한 내부 고민 끝에 유튜브에 콘텐츠를 공개하기로 했다. 대표 콘텐츠인 「핑크퐁 아기상어」Baby Shark는 2015년 11월에 영어 버전으로 처음 업로드되었다. 2016년 6월에는 율동을 더한 「핑크퐁 아기상어 체조」Baby

Shark Dance가 업로드되었고, 2020년 3월 이 영상은 46억6864만 건으로 전 세계 유튜브 최다 조회 영상 2위를 기록했다. 그다음은 우리가 아는 이야기다. 2020년 11월, 70억3700만 건으로 전 세계 유튜브 최다 조회 영상 1위를 기록한 뒤 2022년 1월에는 전 세계 유튜브 역사상 최초로 조회수 100억 건을 달성했다. 영상 외에도 음원은 빌보드 핫100에 20주 연속으로 진입했다.

더핑크퐁컴퍼니에게 유튜브는 도전 과제였다. 앱을 중심으로 다양한 카테고리를 선점하는 비즈니스 모델과 완전히 다른 생태계에 진입하는 일이었다. 이 차이를 해결하고자 이들은 유튜브 콘텐츠 팀이라는 새로운 조직을 신설하고, 사용자 행동을 유튜브 콘텐츠→유튜브 채널 구독→앱 다운로드의 흐름으로 유도하도록 설계했다. 이 구조가 유효하려면 유튜브 콘텐츠의 완성도가 높아야 했다. 새로 만들어진 유튜브 콘텐츠 팀은 앱 이용자가 아닌 유튜브 사용자의 정서를 연구하고 끊임없이 테스트했다.

유튜브 키즈라는 문제

또 다른 문제가 불거졌다. 2015년 2월에 출시된 '유튜브 키즈'는 13세 미만 어린이를 위한 콘텐츠를 제공한다. 처음에는 키즈 콘텐츠 구분이 엄격하지 않았다. 하지만 유튜브 사용자가 늘어나고 조회수에 따른 광고 수익 모델이 보편화되면서 선정적인 영상과 가짜 뉴스가 높은 조회수를 기록하게 되었다. 특히 트럼프 정권 하에서 SNS와 인터넷을 통해 가짜 뉴스가 대량 유통되고 사회적 문제가 불거진 2010년대 말 미국에서는 미성년자를 광고 및 가짜 뉴스, 선정적인 콘텐츠로부터 보호해야 한다는 여론이 거세지고 있었다.

2019년 미국연방거래위원회FTC는 구글 측에 '어린이들에게 위험한 콘텐츠를 제공한 혐의'와 '불법적으로 13세 미만 어린이들의 데이터를 수집한 혐의'에 대해 1억7천만 달러(약 2400억 원) 규모의 벌금을 부과했다. 이에 따라 유튜브는 어린이 콘텐츠에 대한 개인 맞춤 광고를 중단하겠노라고 예고했다. 골자는 아동용 콘텐츠에는 상업적 개인 맞춤 광고를 붙일 수 없으며 댓글 등 일부 기능도 사용할 수 없게 된다는 것이었다.

2019년 10월부터 4개월의 조정 기간을 거치기로 한 이 정책은 키즈 콘텐츠 업체들에게 심각한 타격을 주었다. 이들 업체는 유튜브 광고 수익이 매출의 20~30퍼센트를 차지하는 것으로 알려졌다.

더핑크퐁컴퍼니도 마찬가지였다. 물론 처음부터 앱 기반의 비즈니스 모델을 가지고 있었고, 유튜브가 앱 다운로드와 앱 매출로 연결되는 구조였기 때문에 더핑크퐁컴퍼니는 결정적인 타격을 받았다고 보기는 어렵다. 그러나 새로운 돌파구를 찾아야 하는 상황이라는 것은 변함이 없었다. 유튜브의 아동 콘텐츠 정책이 더 강화되리라는 것은 자명한 사실이었기 때문이다.

2020년 1월, 유튜브는 예정대로 아동 콘텐츠(글로벌의 경우 만 13세, 한국은 만 14세까지 해당되는 아동을 대상으로 함)의 맞춤 광고를 전면적으로 중지했다. 이때부터 유튜브에서는 업로드 단계에서 크리에이터가 직접, 영상이 아동용인지 아닌지를 선택하게 되었고, 구글은 머신러닝 기술을 활용해 사후적으로 관리하고 있다. 아동용 캐릭터, 장난감 혹은 게임을 주로 다루는지의 여부가 고려 대상이다. 광고뿐 아니라 아동용 동영상에서의 데이터 수집과 사용도 제한되었다. 기능적으로도 댓글·실시간 채팅·종 모양 알림·스토리·재생목록에 저장하기 등이 제거되었다. 그야말로 유튜브 키즈는 청정 구역이 되어 버렸다.

그리고 2021년 8월, 유튜브는 18세 미만 청소년이 영상을 올리면 기본적으로 '비공개' 상태가 되도록 조치하기 시작했다. 또한 13~17세 사이의 모든 이용자에 대해서는 기본적으로 주기적인 휴식 및 취침 시간 알림이 작동하도록 설정을 바꿨다. 영상이 끝난 뒤 자동으로 다른 영상을 재생해 주는 기능도 중단되었다. 이러한 기능은 사용자가 바꿀 수 있기는 하지만 기본 설정으로 제공된다는 점에서 유튜브의 청소년 정책이 매우 강화되었음을 알 수 있다. 유튜브 키즈에서 유통되는 장난감 리뷰 콘텐츠의 간접 광고도 엄격하게 관리해 삭제한다. 심지어 유튜브 키즈뿐 아니라 구글 단위에서도 18세 미만을 대상으로 하는 연령·성별·관심사 기반의 맞춤 광고가 중단되었다. 미국 의회에서 SNS 사용자에 대한 정신건강과 관련하여 상·하원이 모두 '아동 온라인 개인정보 보호법'COPPA 개정을 추진하면서, 광고 중심의 테크 기업들을 계속 압박하고 있기 때문이다. SNS뿐 아니라 메타버스가 도래할 미래에 이런 규제는 더 강화될 것이다.

더핑크퐁컴퍼니 입장에서 이런 변화는 자사의 밸류 체인*에서 유튜브의 역할을 재고하게 만들기 충분했다. 그뿐 아니라 2010년 이후 급변하고 있는 미디어 환경은 콘텐츠 비즈니스 전반에 대한 생각을 전환하는 계기가 되었을 것이다. 더핑크퐁컴퍼니는 자사 콘텐츠의 압도적인

★ 기업이 경쟁력을 제고하고 가치를 창출하기 위해 세분화해서 운영하는 모든 직간접적 활동. 연구개발(R&D) 설계·디자인·생산·마케팅·서비스 등을 포괄한다.

영향력으로 앱과 유튜브에서 높은 매출을 만들었다. 애초에 교육 콘텐츠 사업자로 출발한 더핑크퐁컴퍼니는 유튜브 콘텐츠의 인기에 힘입어 음원도 출시하고 마침내 빌보드차트에도 올랐다. K-POP 아이돌에게나 벌어질 법한 일을 그 당시 교육 콘텐츠 기업이 해낸 것이다. 이를 기반으로 글로벌 영역에서 교육뿐 아니라 캐릭터·애니메이션·출판에 이르는 콘텐츠 전반의 비즈니스가 이루어졌다.

새로운 문제는 새로운 사고를 요구한다

이런 경험은 더핑크퐁컴퍼니의 정체성에 대한 질문으로 이어진다. '나는, 우리는 누구인가?'라는 질문은 필연적으로 내가 하는 일을 돌아보게 한다. 나는 누구에게 도움이 되는가? 내가 하는 일은 사람들에게 어떤 영향을 주는가? 다시 말해, 내가 하는 일의 본질은 무엇인가? 그것은 어느 카테고리에 속해 있고, 얼마나 지속 가능한가?

2012년 9월, 세계에서 두 번째로 큰 컨설팅 기업인 보스턴컨설팅그룹BCG의 마틴 리브스·클레어 러브·필립 틸먼스는 『하버드 비즈니스 리뷰』에 「전략에도 전략이 필요하다」Your Strategy Needs a Strategy라는 글을 게재했다. 변화하는 환경에서 기업 전략을 수립하기 위한 새로운 사고방식을 제안하는 칼럼이었는데, 핵심은 환경 변화를 상수로 두고 유연하게 바뀌어 가야 한다는 것이었다.

칼럼에 따르면 이를 위해 다음과 같은 두 개의 질문을 던져야 한다.

1. 기업의 주변 환경이 예측 가능한가?
2. 나의 조직이 시장 변화를 주도할 수 있는가?

그 답에 따라 전략을 네 가지 유형으로 구분할 수 있다.

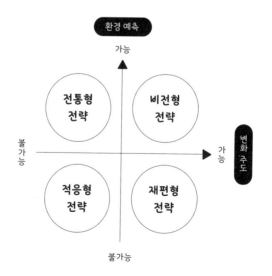

전통형 전략: 환경 예측은 가능하지만 변화를 주도할 수 없을 때 필요한 전략

적응형 전략: 환경 예측도 불가능하고 변화도 주도하기 어려울 때 필요한 전략

재편형 전략: 환경 예측은 불가능하지만 변화를 주도할 수 있을 때 필요한 전략

비전형 전략: 환경 예측이 가능하고 시장 변화도 주도할 수 있을 때 필요한 전략

이에 따르면 더핑크퐁컴퍼니는 지난 10여 년간 '적응형 전략'을 취해 왔다고 할 수 있다. 시장 환경의 변화에 따라, 즉 새로운 미디어가 등장할 때마다 도전을 받으며 이를 해결하려고 계속 적응해 온 것이다. 새로운 문제는 새로운 사고를 요구한다. 새로운 사고는 질문을 바꿀 때 가능하다. 더핑크퐁컴퍼니는 급속도로 빨라진 디지털 환경에서 출판과 교육 콘텐츠를 재정의하면서 성과를 냈고, 새롭게 출현한 모바일 생태계와 만나 비즈니스 모델을 발전시켰다. 또한 유튜브 환경에 적응하려고 무료 콘텐츠 중심으로 구독자를 확보하면서 음악 산업이라는 새로운 영역에도 진출할 수 있었다.

그러면 이제는 또 어떤 문제, 어떤 도전이 기다리고 있을까. 바로 웹3.0*이다. 메타버스다. NFT다. 완전히 새롭고 어려운 개념처럼 들리지만, 사실 이런 용어들이 겨누는 곳은 모두 같다. 바로 사용자 참여가 극대화되는 온라인 생태계다. 인터넷은 처음부터 사용자가 적극적으로 참여하는 공간이었다. 다만 기술적·경제적 요건이 부족해 그것이 제대로 작동하지 않았을 뿐이다. 지금은 초고속 무선 인터넷, 고성능 컴퓨터그래픽 엔진과 CPU 등이 인터넷의 이상적 비전을 점점 더 현실화해 나가고 있다. 단적으로 말해 기존의 사고방식이 통하지 않는 시대가, 인터넷과 모바일에 이어 한 번 더 찾아올 것이라는 얘기다.

앞서 언급한 「전략에도 전략이 필요하다」 칼럼은 환경은 결코 멈춰 있지 않는다고 말한다. 유일하게 예측 가능한 사실은 '모든 것은 빠르게 변화한다'는 사실이다. 이런 환경에서 사업자에게는 예측 능력보다 유연성이 요구된다. 끊임없이 대응하고 적응하는 것이 현대의 기업 윤리다.

더핑크퐁컴퍼니는 변화 예측이 불가능한 환경에서 분투하면서 유아용 콘텐츠 분야의 글로벌 1위라는 혁신을 이뤘다. 이런 위치에서는 어느 정도 시장의 흐름도 예측 가

---

* 탈 중앙화가 특징인, 보다 지능화·개인화된 다음 세대의 웹을 일컫는다.

능해진다. 환경 예측이 어려운 상황에서 시장을 주도할 만큼의 영향력을 확보한 '재편형 전략'에서 장기적으로 환경 예측도 가능하고 시장 변화도 주도할 수 있는 '비전형 전략'으로의 전환이 가능해지는 것이다.

그러려면 더핑크퐁컴퍼니의 본질이 무엇인지 되새기고 질문할 필요가 있다. 더핑크퐁컴퍼니의 본질이 교육 콘텐츠에 있다면, 교육이라는 영역은 앞으로 어떻게 변화해 나갈 것인가. 교육 콘텐츠의 핵심 고객인 유아동을 둘러싼 환경은 어떻게 바뀔 것인가. 그 변화에 더핑크퐁컴퍼니의 기존 비즈니스 모델은 제대로 작동할 수 있을까. 더핑크퐁컴퍼니가 궁극적으로 이루고자 하는 비전은 무엇인가.

전환 그리고 새로운 전략

이렇게 질문을 던진 결과가 바로 '스마트스터디'에서 '더핑크퐁컴퍼니'로 사명을 바꾼 것이다. 기업의 이름이 바뀐다는 것은 비전이 바뀐다는 뜻이다. 새로운 이름은 그들의 핵심 자산이 바로 '핑크퐁'이라는 사실을, 더핑크퐁컴퍼니가 앞으로 전개할 비즈니스는 '핑크퐁'을 중심으로 완전히 재편된다는 사실을 드러낸다.

그런데 핑크퐁은 콘텐츠가 아니라 캐릭터다. 캐릭터를 앞세운 비즈니스 모델을 재구성한다는 것은 이 캐릭터의 영향력을 기반으로 부가가치를 높이고 파생 상품을 개발한다는 뜻이다. 그러려면 핑크퐁과 밀착된 사람이 계속 늘어나야 하고, 그 관계가 보다 친밀해야 한다. 바로 IP 비즈니스의 핵심이 팬덤에 있는 이유다.

김민석 더핑크퐁컴퍼니 대표는 "새로운 사명과 함께 웹툰·웹소설·스포츠 분야에서 신사업을 전개하고, 차세대 IP와 신규 해외 거점을 통해 '글로벌 패밀리 엔터테인먼트 기업'으로 진화하겠다"라고 말했다. IP로서 핑크퐁의 가치는 앱 다운로드 횟수, 유튜브 조회수, 음원 스트리밍 횟수와 구독자 수로 환산된다. 더핑크퐁컴퍼니가 이제 해결해야 할 문제는 ①이렇게 확보된 영향력을 어떻게 실제 구매로 전환할 것인가와 ②어떻게 유지할 뿐만 아니라 지속적으로 성장할 수 있는 비즈니스 모델을 만들 것인가이다.

IP 비즈니스는 사실상 무형의 가치를 판매하는 비즈니스다. 기존의 비즈니스 모델과는 많이 다를 수밖에 없다. 이러한 사업의 지속 성장성은 제품의 완성도가 아니라 콘텐츠·팬덤·커뮤니티에 크게 좌우된다. 근본적으로 캐릭터 IP를 관리한다는 것은 유명인의 매니지먼트 사업과 닮을 수밖에 없다.

마침 2022년 1월 13일, 「핑크퐁 아기상어 체조」가 유튜브 사상 최초로 조회수 100억 건을 기록했다. 이는 전 세계 유튜브 역사상 최초의 기록으로, 2위를 차지한 「데스파시토」Despacito 뮤직비디오보다 약 23억 건 더 높은 수치다. 핑크퐁 아기상어 콘텐츠는 더핑크퐁컴퍼니의 콘텐츠 영향력뿐 아니라 비즈니스 모델에도 영향을 미쳤다. 교육 콘텐츠 사업에서 엔터테인먼트 콘텐츠 사업으로 전환하게 된 계기가 되었다고도 본다.

이제는 더핑크퐁컴퍼니가 어떻게 음악 산업에 진입했는지를 살펴볼 차례다. 음악 산업에서의 성과는 더핑크퐁컴퍼니의 사업적 전환점이었을 뿐 아니라, 콘텐츠의 배경음악에 불과했던 음악을 회사의 핵심 자산으로 바꿨기 때문이다. 우리는 그 과정을 통해 콘텐츠 사업자 전반의 문제가 무엇인지, 그리고 더핑크퐁컴퍼니가 그 문제를 어떤 방식으로 해결했는지 알아볼 것이다.

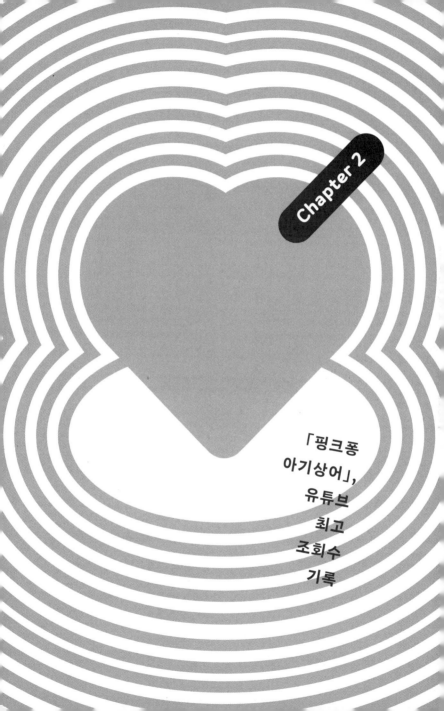

Chapter 2

「핑크퐁
아기상어」,
유튜브
최고
조회수
기록

유튜브에는 '억만 뷰 클럽'Billion View Club이 있다. 여기에는 대체로 유명 아티스트의 뮤직비디오가 포함된다. 싸이의 「강남스타일」, 저스틴 비버의 「베이비」Baby, 건스앤로지스의 「노벰버 레인」November Rain, 퀸의 「보헤미안 랩소디」Bohemian Rhapsody, 에드 시런의 「셰이프 오브 유」Shape of You와 역대 최고의 조회수를 기록했던 루이스 폰시의 「데스파시토」 등이 있다. 물론 음악이 아닌 것도 있다. 어린이 프로그램이다. 러시아 애니메이션 「마샤와 곰」, 영국의 「버스의 바퀴」 「조니 예스 파파」 같은 영상이 억대 조회수를 넘겼다.

그중 더핑크퐁컴퍼니의 다양한 영상은 적게는 1억, 많게는 100억 뷰를 기록했다. 과연 이 전대미문의 기록을 어떻게 보아야 할까? 일단 음악과 음악 산업의 관점으로 볼 필요가 있다.

「핑크퐁 아기상어」를 음악 산업의 관점으로 봐야 하는 이유

2020년 11월, 「핑크퐁 아기상어」는 미국음반산업협회 RIAA로부터 다이아몬드 인증을 받았다. 다이아몬드는 싱글 판매 1천만 장에 해당하는 등급으로 유료 디지털 다운로드와 오디오·비디오 스트리밍을 합산하는데, 오디오와 비디오 스트리밍 150회가 유료 디지털 다운로드 1건으로 계산된다. 골드(50만), 플래티넘(100만), 멀티플래티넘(200만), 다이아몬드(1천만) 등급으로 나뉘는데, 「핑크퐁 아기상어」는 동요로서는 최초로 다이아몬드 등급이 되었다. 수많은 히트곡 가운데서 트래비스 스캇의 「식코 모드」Sicko Mode, LMFAO의 「파티 록 앤섬」Party Rock Anthem, 레이디 가가의 「포커 페이스」Poker Face, 칼리 래 젭슨의 「콜 미 메이비」Call Me Maybe, 에미넴의 「루즈 유어셀프」Lose Yourself 등 겨우 20곡만이 다이아몬드 그룹에 속한다.

하지만 이게 갑작스러운 일은 아니었다. 2019년 1월에 이미 「핑크퐁 아기상어」는 빌보드 핫100에 32위로 진입했기 때문이다. 빌보드에서 핫100은 주로 싱글, 빌보드 200은 앨범이나 EP의 영향력을 가늠하는 차트로 이해되는데, 빌보드200보다 핫100이 좀 더 대중적이고 보편적인 인지도를 파악하는 지표로 쓰인다. 싸이의 「강남스타일」, BTS의 「다이너마이트」, 블랙핑크의 「러브식 걸스」 Lovesick Girls가 바로 이 차트에 올랐다.

해외 언론은 당대 최고의 히트곡을 상징하는 톱 40에 잘 모르는 동요가 등장했다는 이유로 술렁거렸다. 「핑크퐁 아기상어」는 차트에서 59주나 머물렀고, 스트리밍 곡 집계에서 14위를 기록했다. 빌보드차트의 공식 파트너인 '닐슨뮤직'과 'MRC데이터'는 「핑크퐁 아기상어」가 미국 내에서만 스트리밍 16억 회, 다운로드 21만6천 건을 기록했다고 밝혔다.

이를 계기로 「핑크퐁 아기상어」는 미국 내에서 더 대중적인 인지도를 쌓았고, 그 덕분에 2019년 중반부터 시리얼 기업 '켈로그'와 협업하고, 오리지널 뮤지컬을 제작하고, MLB 워싱턴 내셔널스의 응원가로 쓰이고, '저스트 댄스 2020'이라는 리듬게임에도 등장할 수 있었다. 그러니까 「핑크퐁 아기상어」를 음악 산업의 관점으로 봐야 한다는 것은 이런 성과 때문이다. 「핑크퐁 아기상어」와 음악 산업을 연결하는 키워드는 유튜브·빌보드차트·K-POP· 아시아 등이고 그 시점은 2012년·2015년·2020년이다. 그러니 이때의 이야기를 하려면 일단 2009년으로 돌아가야 한다.

2009년, 유튜브가 음악 유통의 핵심이 되다

2009년 6월 16일, 유튜브는 뮤직비디오와 음원을 유통하는 '비보'Vevo라는 법인을 설립했다. 구글과 '유니버설뮤직' 그룹의 주도로 설립된 이 법인에는 '소니뮤직엔터테인먼트'와 '워너뮤직그룹' '아부다비미디어'가 주주로 참여했다. 비보의 설립 배경에는 2005년 설립 이후 유튜브를 끊임없이 괴롭히던 저작권 문제가 있었다.

유튜브는 애초에 사용자가 직접 제작한 동영상을 공유하려는 목적으로 만들어진 서비스지만, 초기에 업로드

된 영상 대부분은 기존의 방송·뮤직비디오·영화·애니메이션 등을 재촬영하거나 복제한 것이어서 저작권 문제에 시달릴 수밖에 없었다. 특히 음악 분야에서 이런 현상이 두드러졌는데, 2006년부터 'EMI'와 '유니버설뮤직' 등 글로벌 유통사가 수많은 소송을 통해 유튜브를 압박하고 있었다.

숨통이 트인 건 2006년 말, 구글이 유튜브를 인수한 뒤다. 1년 사이에 하루 1억 명이 방문하는 서비스로 급성장한 유튜브의 가능성을 파악한 구글은 유튜브를 인수하고 곧바로 저작권 문제를 해결하는 데 앞장섰다. 2007년, 현재는 '콘텐트 ID'Content ID로 불리는 저작물 관리 시스템을 도입하고 막대한 사용자 트래픽을 바탕으로 다수의 음반사·유통사·방송사·영화사와 제휴를 맺어 브랜드 광고 기반의 수익 구조를 만들었다. 그중에서도 뮤직비디오는 유튜브의 가장 인기 있는 콘텐츠였고, 이것이 2009년에 비보 채널이 탄생하게 된 배경이었다.

지금은 유튜브의 핵심 자산을 크리에이터로 꼽지만, 2009년에는 뮤직비디오였다. 당시 음악 산업에서 유튜브의 영향력을 분명히 확인할 수 있는 사례는 저스틴 비버의 성공이다. 저스틴 비버는 2007년 1월, 캐나다 지역 오디션 프로그램에서 3위로 입상한 자신의 모습을 친척들에게 보여 주려고 유튜브에 동영상을 올렸다. 1년 뒤, 이 영상이 스쿠터 브라운이라는 젊고 야심만만한 프로듀서의 눈에 띄었고, 그 결과 비버는 우여곡절 끝에 아일랜드의 '데프잼레코딩스'와 계약을 맺는다.

스쿠터 브라운은 유튜브나 트위터 같은 당시의 뉴미디어가, 잘 알려지지 않은 음악을 성공시키는 열쇠라고 생각했다. 그는 자신의 홈페이지에 "재능을 알아보는 안목 외에 테크놀로지, 소셜미디어, 팝 문화를 배우는 자세"를 직업 철학으로 명시하던 사람이었다. 그가 저스틴 비버를 성공시키려고 활용한 전략은 레거시 미디어*의 홍보 역량을 유튜브 채널로 옮기고, 그 콘텐츠를 트위터에서 바이럴**하여 띄운 다음, 그 화력을 아이튠즈와 유튜브 채널로 집중시키는 방법이었다. 이를 위해 그는 저스틴 비버의 채널에 어서, 와이클리프 진 같은 당대의 스타들을 '자연스럽게' 출연시키는 것을 비롯해 트위터의 인플루언서를 섭외하고 당시 최고의 화제작이던 『아메리칸 아이돌』과 『새터데이 나이트 라이브』의 특별 무대를 조직했다.

이런 과정을 통해 2009년, 저스틴 비버는 데뷔 싱글

---

* 전통 미디어. 다매체·다채널 시대를 기준으로 한다면 과거의 신문·방송 등이 대표적이다.
** 바이럴 마케팅(viral marketing). 사람들이 소셜미디어나 이메일 등의 매체를 통해 자발적으로 특정 기업 또는 상품을 홍보하도록 유도하는 마케팅 기법. 바이러스처럼 확산된다고 해서 이런 이름이 붙었다.

「원 타임」이 발매된 지 30시간 만에 10개국에서 각종 차트를 휩쓸며 화제를 모았고, 2010년 1월에는 싱글 「베이비」를 발표하면서 16세라는 어린 나이에 월드 스타로 성장했으며, 2010년 2월 24일에 발표한 앨범 『마이 월드 2.0』은 빌보드200에서 4주간 1위를 하는 기록을 세웠다. 이 사례는 이후 음악 산업에서 새로운 공식처럼 활용되어, 스쿠터 브라운은 제니퍼 로페즈·칸예 웨스트·아리아나 그란데 같은 스타들의 음반 제작과 매니지먼트를 담당하는 거물이 되었다. 그뿐 아니라 자신이 발굴한 캐나다 가수 칼리 래 젭슨을 '제2의 저스틴 비버'로 만들며 또 한 번의 대성공을 거두었다. 2021년에는 BTS의 소속사인 하이브HYBE의 미국 법인 하이브아메리카의 공동 CEO를 맡았다.

　　2009년부터 2012년까지 유튜브는 이런 과정을 통해 강력한 음악 방송 전문 채널 'MTV'의 영향력을 대체하는 새로운 음악 유통 채널로 자리잡았다. 당시 닐슨 '뮤직360'은 미국 10대들을 대상으로 음악을 접하는 경로를 조사했는데, 그 결과 64퍼센트가 유튜브를 통해 음악을 듣는 것으로 밝혀졌다. 라디오·아이튠즈·CD보다 10~14퍼센트 높은 수치였다. 그리고 이러한 음악의 새로운 연결 구조가 미국 밖으로, 다시 말해 세계로 확장된 것이 2012년, 「강남스타일」의 성공 때였다.

싸이의 「강남스타일」이 성공한 과정은 저스틴 비버가 성공한 과정과 동일했다. 이후 싸이, 씨엘, 빅뱅의 미국 매니지먼트를 맡은 이가 스쿠터 브라운이라는 사실은 어쩌면 너무도 당연한 것이었다. 싸이의 성공, 나아가 K-POP의 성공 구조를 이해하는 미국 음악 업계 관계자는 그가 유일했을 테니까. 2009년 비보의 설립, 2010년 저스틴 비버의 성공, 2012년 「강남스타일」 신드롬은 팝 음악의 유통 구조가 급변하고 있음을 시사했다.

그리고 2013년 빌보드는 핫100에만 적용되던 스트리밍과 다운로드 횟수를 힙합·컨트리·알앤비 등 주요 장르별 차트로도 확대하기로 했고, 나아가 핫100에 유튜브 조회수도 반영하기로 결정하면서 이런 변화를 공식화했다. 물론 그 과정에서 여러 아티스트와 갈등을 빚긴 했지만 이미 벌어진 대세를 거스를 순 없었다. 이러한 배경 속에서 「핑크퐁 아기상어」가 2019년 빌보드 핫100에 진입한 것이다.

2009년 가을, 애플의 '아이폰3GS'가 한국에 정식 출시됐다. 누구나 동의하듯이 아이폰의 등장은 단순히 새로운 하드웨어의 등장이 아니었다. 콘텐츠와 미디어 산업의 생태계뿐 아니라 소비자의 라이프스타일이 모두 이 손바닥만 한 모바일 기기 중심으로 재편되었기 때문이다. 아기상어와 핑크퐁 채널을 소유한 더핑크퐁컴퍼니가 설립된 2010년은 아이패드와 카카오톡이 등장한 해이기도 하다. 이후 2015년 무렵까지 한국의 산업 구조는, 전 세계 다른 지역과 마찬가지로 모바일 비즈니스로 빠르게 전환되었다.

2012년 「강남스타일」이 전례 없는 기록을 세우며 전 세계 엔터테인먼트의 중심에 섰을 때, 한국에서는 지상파 아날로그 TV 방송이 종료되었고, 포털사이트 야후가 한국 시장에서 철수했다. 그러는 동안 페이스북은 전 세계 월 사용자 10억 명을 돌파했고, 10억 달러에 인스타그램을 인수했다. 소셜미디어가 젊은 세대의 주류 미디어로 자리 잡으면서 이미지와 동영상 중심으로 콘텐츠 유통 구조가 달라졌고, 이에 따라 새로운 방식으로 활동하는 아티스트도 등장했다. 2012년의 크레용팝과 2013년의 BTS는 유튜브를 가장 적극적으로 활용하는 아이돌 그룹이었다. 2014년에는 카카오톡과 다음이 합병하며 모바일 기반의 IT 기업이 탄생했고, 『뉴욕타임스』의 혁신 보고서가 유출되어 전세계 미디어와 콘텐츠 업계에 위기감을 고조시켰다. 2015년에는 피키캐스트가 누적 다운로드 900만 건을 기록하며 한국에서 페이스북 다음으로 일간 체류 시간이 가장 높은 앱 서비스로 자리잡았다.

2015년과 2016년은 한국의 콘텐츠 비즈니스가 모바일로 재편되는 것과 동시에 글로벌 시장으로 편입되는 시기였다. K-POP을 기반으로 글로벌 서비스를 지향한 네이버의 '브이 라이브'가 문을 열었고, 250억 원 이상의 투자를 받은 메이크어스가 '딩고'라는 브랜드를 앞세워 페이스북과 유튜브 전용의 모바일 콘텐츠를 제작 및 유통하기 시작했다. 2016년에는 알파고와 이세돌의 대국이 전 세계에 생중계되었고, 넷플릭스와 애플뮤직이 나란히 한국 시장에 진출했다.

지난 5년간 한국의 콘텐츠 유통 구조는 완전히 달라졌다. 특히 모바일 경제로 빠르게 전환된 동남아시아 지역에서 페이스북·인스타그램·유튜브가 바이럴 미디어로 큰 인기를 얻으면서 한국 콘텐츠는 예상치 못한 지역에서 뜻밖의 이유로 '강제 글로벌 진출'을 요구받기도 했다.

모두가 아는 「핑크퐁 아기상어」 음원과 영상은 2015년에 만들어졌다. 유튜브 키즈 채널이 생긴 해이자, 특정 분야의 전문가이자 방송인이며 동시에 일반인이라는 모순적인 '크리에이터'라는 존재가 강력한 영향력을 확보해가던 때였다. 그들의 자연스러운 매력과 기존 방송에선 볼 수 없던 소재로 유튜브가 영향력을 키워 가면서 대중이 향유하는 콘텐츠의 내용과 형식도 달라졌다. 근본적인 변화는 창작자가 아니라 구독자로부터 왔다. 구독자의 영향력이 커진 것이다. 창작자가 만들고 싶은 것이 아니라 구독자가 원하는 것을 만드는 방식, 이른바 '고객 중심 사고'가 콘텐츠 생태계 전반에 스며들었다.

아기상어도 그런 흐름을 적극 반영한 결과다. 보호자가 아니라 아이들을 위한 콘텐츠를 목표로 실험을 거듭하며 노하우를 얻었다. 그 과정에서 구글 애널리틱스를 활용하고, 직원들의 자녀와 그들이 다니는 어린이집 친구들을 대상으로 테스트를 거듭했다. 더 강한 필터링이 적용되는 유튜브 키즈도 아기상어 입장에서는 호재였다. 끊임없이 반복해서 시청하는 유아동의 특성상 아기상어에 대한 관심은 밀도가 높을 수밖에 없었다.

2017년 9월 인도네시아에서 불어닥친 '베이비샤크 챌린지'도 그 결과 중 하나였다. 사람들이 아기상어 체조를 하는 모습을 촬영해 소셜미디어에 올리는 것인데, 단순한 리듬에 간단한 동작으로 이뤄진 아기상어 체조는 학생·공무원·상인·연예인을 가리지 않고 그들의 스마트폰 카메라 앱을 열게 했다. 그리고 『플레이보이』 모델이자 인스타그램과 쇼트 비디오 플랫폼 '바인'의 스타였던 어맨다 서니가 그 정점을 찍었다. 인도네시아 TV 쇼에 출연한 그가 '베이비샤크 챌린지'를 선보이고 인스타그램에 그 영상을 공유한 지 일주일 만에 조회수 총 400만 회를 돌파한 것이다. 이를 계기로 당시 핑크퐁의 인도네시아 채널 구독자는 300퍼센트 이상 증가했고, 아기상어는 2018년 여름 이후 미국에서 유행을 타기 시작했다.

아기상어 콘텐츠의 전 세계적인 유행에는 이렇게 미디어 환경의 변화와 그에 따른 서비스 정책의 변화 그리고 이 큰 흐름에 대한 지역적 대응과 새로운 생태계가 작동했다. 물론 이 변화를 누구보다 빨리 감지하고 대응한 것은 더핑크퐁컴퍼니의 역량이다.

이제 이슈는 2020년의 예기치 못한 큰 변화, 코로나 19 바이러스로 인한 팬데믹 상황에서 전개되는 콘텐츠 비즈니스의 비전이다.

2021년, 포스트 코로나 시대의 콘텐츠 산업

2020년 2월 아기상어는 장난감계의 오스카로 불리는 '올해의 토이어워드'TOTY(Toy of The Year Award)에서 2관왕을 차지했다. 한국 콘텐츠로서는 최초로, 또한 『포켓몬스터』『어벤저스』『토이스토리』 등과 경쟁한 결과였는데, 무엇보다 수상 부문이 '올해의 라이선스'와 '올해의 봉제 장난감' 부문이라서 의의가 크다. 사실상 장난감 산업의 핵심인 지적재산권IP과 캐릭터 부문에서 수상한 것이기 때문이다.

2020년 상반기까지만 해도 코로나19에 대한 전망이 어느 정도 낙관적이었다. 그러나 예기치 못한 팬데믹이 2년 이상 지속되자, 모든 부문의 사업 주체들은 이 끈질기고 강력한 바이러스가 한 번도 경험하지 못한 글로벌 환경을 형성했다는 것을 인정할 수밖에 없었다. '뉴 노멀'의 시대에 콘텐츠 비즈니스는 기존과 다른 방식으로 작동하는데, 그것이 무엇인지 아무도 알 수 없다는 사실은 그 무엇보다도 두려운 일이다.

하지만 오해하지 말아야 할 것이 있다. 코로나19가 만든 변화가 세상에 없던 일은 아니라는 점이다. 이후의 세계가 예상보다 좀 더 빨리 왔을 뿐이다. 앞서 언급했듯 변화는 오래전부터 부분적으로, 때로는 빠르게 때로는 천천히 진행되었다. 바이러스는 이 변화를 가속화했다. 이를 몇 개의 키워드로 살펴볼 것이다.

확장

비대면 환경은 콘텐츠 비즈니스의 속성을 드러냈다. 대표적인 것이 음악이다. 한국은 2002년 멜론과 로엔엔터테인먼트의 등장 이후, 미국은 2008년 아이튠즈가 온·오프라인 통합 매출 1위를 기록한 때를 기점으로 음악 시장이 디지털 시장으로 완전히 전환되었다고 여겨졌다. 그러나 2020년의 팬데믹 상황은 음악 산업이 여전히 오프라인 기반의 콘서트 산업으로 작동한다는 사실을 드러냈다. 이에 대한 대안으로 온라인 콘서트나 메타버스 콘텐츠가 제시되긴 했으나, 음악 비즈니스의 전면적인 구조 조정이 이루어질 것은 정해진 수순으로 보인다. 방향은 '콘텐츠를 통한 IP 기반의 비즈니스'다.

이 점에서 아기상어의 활약은 음악뿐 아니라 전 세계 엔터테인먼트 비즈니스의 성공 사례가 될 수 있다. '콘텐츠를 통한 IP 기반의 비즈니스'는 그 전제 조건이 다소 빡빡하다.

1. 오리지널 콘텐츠가 강력하고 밀도 높은 영향력을 가져야 한다.
2. 그로부터 사업 주체가 고객 정보를 파악할 수 있는 자체 플랫폼을 가져야 한다.
3. 이를 기반으로 형성된 팬덤과 소통하면서 밀도 높은 관계를 맺어야 한다.

아기상어는 이 모든 조건을 충족하는 모델이다. 더핑크퐁컴퍼니는 사용자의 니즈에 맞춘 짧은 콘텐츠의 포맷과 캐릭터를 개발했고, 새로운 포맷을 시험하면서 저작권으로부터 자유로운 음원을 제작했으며, 이를 기반으로 공공·식음료 및 라이프스타일 브랜드·자동차·금융·게임·스포츠에 이르는 광범위한 영역에서 제휴 사업을 벌이고 있다. 특히 코로나19로 인해 집에 더 오래 머물게 된 아이들은 디지털 콘텐츠에 더 자주 노출되는데, 이런 조건이 더 다양한 비즈니스를 가능케 하는 조건이 되기도 한다.

소셜미디어가 없던 시절의 콘텐츠 비즈니스는 제품의 완성도와 유통·판매 채널이 매우 중요했다. 그러나 디지털 환경과 비대면 상황에서는 콘텐츠 자체의 완결성이나 완성도보다 그 콘텐츠가 연결하는 '가치'가 중요해진다. 여기에는 타깃 고객에게 맞춰진 메시지뿐 아니라 기업의 핵심 가치와 철학, 직업윤리가 모두 포함된다. 팬데믹 이후 미디어의 역할은 달라졌고, 고객의 라이프스타일도 달라졌다. 기술적 격차가 거의 사라진 상황에서 무엇보다 중요한 것은 메시지다.

이를 가장 성공적으로 활용하는 것은 BTS다. 이들은 음악·부가 콘텐츠·라이프스타일·공연을 통해 '러브 유어셀프', 즉 자신을 사랑하라는 메시지를 일관되게 강조하고, 이를 통해 구성된 팬덤을 '위버스'라는 자체 플랫폼으로 모은다. 이것을 기반으로 하이브(전 빅히트엔터테인먼트)는 자사가 관리하는 아이돌 그룹의 IP를 음반·굿즈·캐릭터·게임 등으로 확장한다.

아기상어 역시 압도적인 콘텐츠 파워와 브랜딩으로 IP의 확장 구조를 만들고 있다. 유튜브 조회수뿐 아니라 니켈로디언과 제휴해 2020년 12월 미국에서 애니메이션 시리즈 『베이비샤크 빅 쇼』(우리말 제목: 아기상어 올리와 윌리엄)를 선보였고, 2021년부터 TV에서 방영하고 있다. 흥미롭게도 음악 역사상 오직 음악만으로 성공한 경우는 드물다. 음악의 성공에는 거의 언제나 필름·라디오·TV·유튜브 같은 미디어와 그 미디어에 최적화된 스토리텔링 콘텐츠가 있었다. 아기상어 역시 유튜브 콘텐츠와 결합해 높은 반응을 얻었고, 이를 토대로 장편 시리즈로까지 확장되었다. 이렇게 IP 기반의 콘텐츠 비즈니스를 전개할 때는 역설적이게도 제품과 고객 사이의 신뢰 관계가 필요해진다.

팬덤

비대면 상황이 길어지면서 소비자(사용자, 구독자)와 브랜드의 거리는 전에 없이 가까워졌다. 소셜미디어로 이미 밀접하게 연결된 경험이 보다 일상적인 관계로 전환되었다고 볼 수도 있을 것이다. 이런 상황에서 콘텐츠뿐만이 아니라 거의 모든 비즈니스가 팬덤 경제를 따르는 현상은 어쩌면 자연스러운 일일지도 모른다.

팬덤 경제는 결국 마음의 비즈니스다. 마음은 관심이다. 그리고 관심은 곧 시간이다. 결국 사용자의 시간을 두고 벌이는 경쟁이 앞으로의 비즈니스를 좌우할 가능성이 높다. 사용자의 시간을 점유하려는 사업자의 노력은 다시 하나의 목표를 향한다. 바로 고객 중심의 콘텐츠 설계다.

BTS와 같은 K-POP 아티스트뿐 아니라 테일러 스위프트, 두아 리파, 칸예 웨스트 같은 팝 스타들과 더핑크퐁컴퍼니의 콘텐츠 전략은 모두 철저하게 팬덤을 지향한다는 점에서 동일하다. 고객 중심의 콘텐츠 설계와 서비스 전략은 넷플릭스와 스포티파이 같은 플랫폼의 성공에도 기여했으며 애플의 판매 전략과도 연결된다. 요컨대 2021년 이후의 사업 전략에 고객을 정의하고 그 마음을 이해하려는 노력은 선택이 아닌 필수다.

이런 배경에서 더핑크퐁컴퍼니는 2015년 94억 원이었던 매출이 2019년 768억 원으로 8배 가까이 성장했다. 영업이익도 311억 원을 기록하며 팬데믹이라는 전대미문의 위기를 극복할 힘을 비축했다. 비대면 환경, 콘텐츠의 연결 구조, 팬덤 중심의 비즈니스 구조는 모두 앞으로의 콘텐츠 산업이 지향해야 할 방향이기도 하다. 결국 이 모든 것은 자사의 IP를 겨냥한다. IP의 성장과 확장이야말로 콘텐츠 사업의 목표가 되어야 한다.

이때 아기상어의 주 소비 연령층이 너무 어리다는 점

이 제일 큰 문제일 수 있다. 관심에 따른 집중도가 극히 짧다는 문제를 어떻게 해소할지가 더핑크퐁컴퍼니의 숙제가 되리라는 얘기다. 영유아가 아닌 10대 초반을 대상으로 콘텐츠를 설계하고, 그들이 적어도 10대 중후반이 될 때까지 영향력을 확보하는 것에는 아이돌 음악의 노하우를 참고할 수 있다. IP 비즈니스의 핵심은 새삼, 아티스트와 팬의 커뮤니케이션과 같다고 보기 때문이다.

Chapter 3

더핑크퐁컴퍼니의
콘텐츠
전략은
어떻게
달랐을까

더핑크퐁컴퍼니의 콘텐츠 전략은 미디어의 변화와 함께 했다. 앱 서비스와 유튜브, 음원 서비스와 IPTV, 케이블 채널 등에 핑크퐁 콘텐츠를 내보내고 전 세계 각 지역의 미디어 및 브랜드와 협업하는 것은 2022년에도 유효한 전략이었다. 이런 대응은 미디어와 콘텐츠 전략이 분리되지 않았기에 가능하다.

알다시피 개인 미디어의 등장 이후 미디어 환경은 매우 복잡해졌다. 여기서 복잡하다는 건 핵심 미디어가 사라졌다는 뜻이다. 예전처럼 방송 몇 군데, 잡지 몇 군데로 미디어 전략을 실행하기 어려워진 상황에서 각각의 플랫폼에 콘텐츠 포맷을 최적화해야 하는 과제도 뒤따랐다. 더 나아가 콘텐츠와 미디어, 플랫폼의 경계마저 사라졌다.

그래서 이 장에서는 더핑크퐁컴퍼니의 공동 창업자인 손동우 최고기술책임자(CTO)와 콘텐츠·미디어 사업을 총괄하는 주혜민 사업개발총괄이사(CBO), 권빛나 사업전략총괄이사(CSO), 박한솔 콘텐츠제작본부장의 이야기를 함께 싣는다. 핑크퐁의 성공을 이해하려면 콘텐츠와 미디어 전략, 나아가 기술 개발 과정을 함께 살필 필요가 있기 때문이다.

플랫폼-콘텐츠 통합 전략

주혜민: 2015년부터 미디어의 춘추 전국 시대가 왔다고 느꼈는데, 특히 차에서 블루투스로 음악을 듣는 걸 보면서 보호자들이 차에서 아이들에게 동요를 들려줄 수도 있겠다고 생각했어요. 그런데 음악 서비스에는 옛날 동요밖에 없더라고요. 그때 생각했죠. '핑크퐁 콘텐츠는 보기에도 좋지만 듣기에도 매력적이지 않을까.' 그리고 핑크퐁은 콘텐츠 출시량이 굉장히 많다는 게 강점이었어요. 제

주혜민 사업개발총괄이사

가 3년 동안 IPTV 콘텐츠 배급을 맡았을 당시 "매달 신규 시리즈를 출시할 수 있는 제작사는 더핑크퐁컴퍼니밖에 없다"라는 얘기도 들을 정도였으니까요. 이 강점을 음원에 접목해 매달 새로운 디지털 싱글을 발매한다는 관점으로 접근했어요.

핑크퐁이 음원 서비스를 시작한 이후, 핑크퐁의 성장세와 함께 '그 외 장르'에서 하단에 위치하던 동요 장르의 이용량이 폭발적으로 증가했어요. 그러면서 어떤 음원 서비스는 아예 키즈 장르를 별도로 개편하고 전면에 노출하기 시작했습니다. 아침 9시만 되면 「핑크퐁 아기상어」 동요가 전체 음원 대상 급상승 트렌드에 올라갔죠. 유치원에서 매일 아침 비슷한 시간대에 노래를 틀었던 거예요. 일찍이 음원 서비스에 진출했기 때문에 인도네시아에서 '베이비샤크 챌린지'가 폭발적인 인기를 거두면서 전 세계로 확산됐고, 그 결과 빌보드까지 진입할 수 있었다고 봐요. 핑크퐁은 애플뮤직이나 스포티파이 등 해외 음악 플랫폼에서도 매출이 높아요.

핑크퐁의 성장에는 몇 번의 모멘텀이 있었다. 유튜브에 콘텐츠를 발표한 2015년, 「핑크퐁 아기상어 체조」 음원 영상을 공개한 2016년, 인도네시아에서 '베이비샤크 챌린지'가 벌어진 2017년. 모두 음악과 관련되어 있다. 이 업무를 맡았던 주혜민 사업개발총괄이사는 이렇게 말한다.

그때만 해도 「핑크퐁 아기상어 체조」는 영상 콘텐츠였고 동요는 영상의 배경음악 정도로 인식됐지만, 영상과 음원을 분리해서 서비스하기 시작했어요. 그때 국내 동요 장르에서 인기 1위를 모두 석권하는 걸 보면서 깨달았죠.

아, 「핑크퐁 아기상어」는 영상 없이 노래만으로도 경쟁력이 충분하구나. 게다가 마침 스트리밍이 대세가 되면서 별도 결제나 다운로드 없이 언제 어디서나 원하는 음악을 감상할 수 있게 됐고, 한 곡씩 유료로 구매하기에는 심리적 허들이 높았던 동요 장르에 대한 소비 부담도 없어졌죠.

하지만 이런 구상도 처음에는 내부 반발에 직면했다. 앱에서 동일한 콘텐츠를 유료로 판매하고 있는데 음원 서비스에 올라가면 더 이상 판매되지 않을 것이라는 우려였다. 새로운 시도는 해 볼 수 있지만 자칫 양쪽 모두 매출이 줄어드는 카니발리제이션cannibalization, 즉 자기 잠식 효과가 벌어질지도 모를 일이었다.

주혜민: 2014년에 입사했을 때만 해도 더핑크퐁컴퍼니는 모바일 앱 개발·서비스 회사였고 콘텐츠 판매와 유통 미디어 채널로서 앱이 제일 중요했어요. 그런데 당시 넷플릭스와 유튜브가 해외에서 부상 중이었고, 저희는 모바일 앱이라는 새로운 창구로 콘텐츠 매출을 벌어들인 회사이다 보니 내부에서는 차세대 뉴미디어에 대해서도 민감

하게 주의를 기울이고 있었죠. 그래서 일단 시험적으로
채널을 운영하면서 경험해 보기로 했어요.

이에 대해 권빛나 사업전략총괄이사는 이렇게 말했다.

저는 2015년 3월에 교육 앱의 운영PM으로 입사해서,
2015년 말쯤 신설된 콘텐츠 비즈니스 팀으로 옮겼어요.
여러 가지 미디어 사업을 진행하고, 그중 하나로 유튜브
사업도 본격적으로 해 볼까 하고 준비하던 팀이었죠. 처음
엔 당시 앱 사업과 카니발라이제이션이 일어나진 않을까
하는 우려도 많았고, 유튜브 매출에 대한 큰 기대가 없었
는데 점점 지표가 상승하는 거예요. 2015년엔 유튜브가
세계 1위 플랫폼은 아니었는데, 개별 동영상이 아니라 유
튜브라는 플랫폼 자체가 급부상한 거죠. 덕분에 채널 구독
자도 자연스레 늘었고, 심지어 우려했던 인앱In-App 매출
(결제) 감소도 일어나지 않았어요. 그걸 통해 사용자에게
유튜브와 앱 서비스는 별개라는 걸 깨달았어요. 광고를 보
는 대신 무료로 콘텐츠를 소비하는 사람은 유튜브를 보고,
인터넷 환경이 나쁘거나 필요에 따라 미리 다운로드를 받
아야 하는 사람은 앱에서 계속 구매를 하는구나.

권빛나 사업전략총괄이사

유튜브 채널을 테스트보드로 활용했던 더핑크퐁컴퍼니는 이내 유튜브 채널 자체를 성장시키는 데 집중했다. 초기의 핑크퐁 콘텐츠에는 앱 다운로드를 유도하는 내용도 많았는데 그것은 매출에 대한 기대보다는 유튜브를 앱 서비스의 홍보를 위한 채널로 여겼기 때문이다. 하지만 채널이 성장하면서 광고 매출이 올라 유튜브에 대한 인식과 정의가 달라졌다. 채널 자체의 성장이 중요해진 것이다.

유튜브 채널을 더 성장시키려면 콘텐츠 전략이 필요했다. 유튜브에 최적화된 콘텐츠는 어떤 포맷인가. 다시 말해 내용뿐 아니라 디자인, 사운드의 톤 앤드 매너, 재생 시간과 인트로, 아웃트로 같은 모든 요소에 대한 실험과 검증을 해야 했다. 더핑크퐁컴퍼니의 콘텐츠 전략은 바로 이런 테스트를 통해 다듬어졌다.

2014년에 핑크퐁 콘텐츠 기획팀, 당시 '쩐빵' 팀원으로 입사해 지금까지 6천 편이 넘는 콘텐츠를 기획하고 개발한 박한솔 콘텐츠제작본부장은 100억 뷰를 넘긴 「핑크퐁 아기상어 체조」를 비롯해 수억 뷰를 넘긴 「몽키 바나나 댄스」와 「베이비샤크 버스」 등의 콘텐츠를 만들면서 유튜브에 최적화된 콘텐츠 포맷을 찾아 왔다.

박한솔: 쩐빵眞棒은 중국어로 '최고'라는 뜻이에요. 회의할 때 춤도 추고 노래도 하면서 재미있는 아이디어를 많이 내는 팀이었죠. 우리가 만드는 콘텐츠는 일단 재미있어야 한다는 걸 강조했어요. 동시에 교육적인 요소도 고려했죠. 예를 들어 동물의 생김새나 행동 특성 같은 자연과학적인 요소는 최대한 사실적으로 그려 내려고 했어요. 키즈 분야에서 인기 있는 테마 중에는 '동물 동요' 시리즈가 있었거든요. 그중에서도 「핑크퐁 아기상어」의 인기가 많았죠. 그래서 빠르게 체조 버전을 만들어 보자 했던 게

박한솔 콘텐츠제작본부장

「핑크퐁 아기상어 체조」였어요.

유튜브에서 콘텐츠가 성과를 거두고 구독자가 늘면서 콘텐츠 기획이 좀 더 세밀하게 다듬어졌다. 어떤 콘텐츠가 잘 되고, 잘 안 되는지에 대한 경험치가 쌓인 것이다. 그와 함께 수익화에 대한 고민도 늘었다. 콘텐츠의 재미를 추구하는 팀이 '쩐빵'이었다면, 그 콘텐츠의 마케팅을 고민하는 '알파'라는 팀이 추가되었다. 알파는 자사 앱과 제품을 콘텐츠에 녹여 자연스럽게 홍보하거나 기업·관공서·

브랜드와의 제휴를 통해 수익화를 도모했다. 콘텐츠의 포맷도 달랐다. 쩐빵이 2D 플래시와 실사 율동 정도를 다뤘다면, 알파는 클레이(점토 등)를 이용한 스톱모션*이나 종이접기 등으로 소재를 다양화하거나 퍼펫**을 활용한 스튜디오형 키즈 예능을 구성하는 등 틀을 완전히 깬, 새로운 시도를 했다.

고객 우선 가치와 데이터 기반 전략

이 과정에서 새삼 구독자가 중요해졌다. 시청은 유아동이 하지만, 그들에게 콘텐츠를 골라 주는 사람은 그들의 보호자다. 이들은 앱에서 유튜브로 유입되기도 했지만, 유튜브를 방송의 대체재로 생각하던 사람들이기도 했다. 새로운 플랫폼에는 새로운 사용자가 있었고 더핑크퐁컴퍼니에게 이것은 매우 큰 도전이었다.

박한솔: 제가 처음 콘텐츠 제작에 참여했을 때 가장 많이 들었던 말이 '재미없다'는 얘기였어요. 그 얘길 듣고서야 그동안 제가 아이들에게 주고 싶은 많은 것들을 콘텐츠

---

* 스톱모션 애니메이션. 애니메이션 촬영 시 물체가 살아 움직이는 듯한 효과를 주려고 물체를 조금씩 움직여 놓고 촬영하는 과정을 반복적으로 하는 촬영 기법. 또는 그런 기법으로 만든 영화.
** 주로 인형극에 쓰이는 인형.

에 전부 다 넣었다는 걸 알게 됐어요. 그런데 아이들은 정말 냉정한 고객이거든요. 3초도 못 기다리죠. "여기서 조금만 참고 기다리면 진짜 재미있는 게 나와"라는 식으로는 절대 시선을 사로잡지 못해요. 그래서 인트로에 무엇을 어떻게 넣을까, 어떻게 이야기를 구성해야 계속 시청할 수 있을까 고민했어요. 결국 많은 정보를 전달하기보다 일단 신나고 흥미롭게 구성하되, 반복 시청을 하다 보면 가사와 영상을 통해 자연스럽게 새로운 개념을 익힐 수 있도록 개발하려고 했어요.

그러자 다음과 같은 변화가 일어나기 시작했다.

권빛나: 우리 콘텐츠는 원래 앱에서 유료로 판매하던 거라서 콘텐츠에 대한 내외부의 평가도, 자부심도 높았어요. 이런 양질의 콘텐츠가 유튜브에서도 통한다는 걸 지표로 확인했죠. 매해 연말에 보면 전년 대비 거의 두 배, 네 배씩 성장한 걸 볼 수 있었어요. 그러면서 정말 많은 실험을 해 봤어요. 2016년에는 채널 시청 시간을 늘리려고 콘텐츠를 다양하게 큐레이션해 두었는데, 그중 성과가 제일 좋았던 게 '여행 갈 때 차에서 들려주는 동요 아기

상어' 시리즈였어요. 한 시간짜리 콘텐츠였는데 보호자들이 그걸 애기들 밥 먹일 때 틀더라고요. 그게 2016년에 '그해 가장 많이 본 영상' 1위를 했어요.

그러면서 인·아웃트로, 핑크퐁 로고 노출 영상 등을 고도화했어요. 처음에는 아웃트로에 앱 다운로드 안내와 핑크퐁을 유튜브에서 검색하라는 안내 애니메이션이 같이 나왔던 탓에 러닝타임이 좀 길었어요. 사람들이 핑크퐁을 검색해서 들어오길 바랐기 때문이죠. 그 멘트를 영어로 만들고, 한국어·스페인어·일본어·중국어로 녹음해서 제작했죠. 초반에 검색으로 들어오는 사람들이 굉장히 중요했어요. 그들이 구독을 하고 추가 시청도 하니까요. 또한 유튜브를 통해 처음 핑크퐁 브랜드를 접한 사람들한테는, 핑크퐁 앱도 있다는 정보를 전달해 앱 다운로드로도 연결시키고 싶었죠.

인트로에 대한 고민도 많았어요. 구독자 수가 핵심 성과 지표KPI라서 구독 버튼도 넣었는데, 지금은 키즈 채널이라서 버튼이 없어졌어요. 사실 구독 버튼이라는 게 아이들에게는 어려운 개념이거든요. 그래서 직관적으로 이해하기 쉽도록 영상에 유튜브 플랫폼 프레임 디자인을 넣어서, 춤추던 핑크퐁이 화면 밖으로 나오면서 빨간색 구독 버튼을 누르는 애니메이션을 보여 줬죠. 그때 여러 버전을 만들어서 테스트를 했는데, 실제로 영상 시청 중에 구독하는 비율이 올라갔어요. 딱 그 포인트에서 높아지는 걸 보면서 아 이거 성공이다, 했죠.

박한솔 콘텐츠제작본부장의 생각도 비슷했다.

아이들은 '좋아요'든 '싫어요'든 구독이든 그냥 버튼이라서 눌러요. 그래서 조회수가 더 중요하고, 시청 유지 시간이 중요해요. 같은 콘텐츠도 어느 포인트에서 아이들이 이탈을 하는지 안 하는지를 체크하고 그걸 기획에 반영해요.

앞서 말했듯, 핑크퐁의 성장에는 유튜브가 큰 역할을 했다. 2015년부터 유튜브는 앱 서비스를 홍보하기 위한 채널에서 더 나아가 앱 서비스와 시너지를 내는 연결 구조 안에 자리 잡았다. 유튜브와 앱 서비스를 이어 준 것은 콘텐츠다. 같은 콘텐츠여도 어느 플랫폼에서 어떤 구독자를 만나느냐에 따라 다르게 이해되었다. 앱 서비스에서 핑크퐁은 유아동을 위한 학습 콘텐츠였지만, 유튜브 채널에서는 육아 · 가사 · 일을 동시에 해결해야 하는 보호자들에게 한숨 돌릴 수 있는 틈을 주는 콘텐츠였다. 또한 애니메이션 콘텐츠이기도 했고, 동요 음원이기도 했다. 더핑크퐁컴퍼니의 콘텐츠 생태계가 만들어진 것이다.

주혜민: 2017년에 AI 스피커 명령어로 가장 많이 언급된 아티스트가 둘인데, 그중 하나가 바로 핑크퐁이에요. 다른 하나는 아이유고요. "핑크퐁 틀어 줘"가 다른 아티스트를 제치고 음악 감상의 한 축을 담당한 거죠. 그때를 기점으로 '동요' 하면 핑크퐁이다 하는 공식이 성립됐어요. 한 장르를 대표하는 아티스트가 된 셈이죠. 저희가 음원 서비스나 AI 스피커에 진입하지 않았으면 노래로도 팬덤을 구축할 수 있다는 걸 몰랐을 거예요. 콘텐츠 생태계에서 팬을 만나고, 빅팬을 모으는 건 정말 중요해요. 앱을 다운로드 받은 사람을 팬이라고 정의하면, 그 가운데 유료 결제를 하는 사람은 빅팬이죠. 팬이 모여 있는 곳에서부터 소식을 알리고 새로운 활동을 시작하면 핑크퐁의 신규 콘텐츠나 서비스의 출시 및 홍보 비용을 줄일 수 있고, 새로운 도전에 대한 응원과 솔직한 반응을 바로 받아볼 수 있어요. 감사하게도 우리를 좋아해 주고 우리 소식을 궁금해하는 팬을 대상으로 정보를 공유하는 거니까 일반

적인 광고성 홍보와는 달라요. "베이비샤크 라이브 투어를 미국에서 시작합니다!" 수백만 명에게 이런 말을 한 번에, 손쉽게 보낼 수 있는 채널을 보유하고 있다는 게 얼마나 중요하겠어요? 그래서 채널이 정말 중요하다, 여러 채널을 무조건 더 많이, 더 크게 키워야 한다, 이렇게 생각했어요.

권빛나 사업전략총괄이사 역시 다음과 같이 말하며 새로 출시한 서비스에 대해서도 설명했다.

사람들이 잘 모르지만, 저희 앱이 170개 정도예요. 대표 서비스인 '베이비샤크' 앱이 계속 성장하면서 다른 서비스도 함께 성장하고 있고요. 제가 원래 앱 담당자로 입사했는데, 앱의 광고 수익 모델이 유튜브 광고 수익 모델과 거의 유사하거든요. 그래서 유튜브에 적응하기도 쉬웠죠. 대표님도 이 모든 걸 하나의 채널이라고 보고 운영에 대한 고민을 많이 하셨어요. 그래서 아예 유튜브와 앱을 함께 운영하면서 고도화하는 과정도 있었고요. 170여 개의 앱이 서로 연동되면서 새로 나온 콘텐츠나 채널을 팝업 푸시로 밀어 주고, 자체 광고를 하면서 비용을 많이 줄

였어요. 그렇게 생태계가 서로를 보완하며 작동할 수 있는 구조를 짠 것이 대표님이 자랑할 만한 포인트였던 것 같아요. 같은 맥락에서 최근에 '핑크퐁플러스'라는 구독 서비스도 출시했어요. 하나의 계정으로 여러 앱을 모두 사용할 수 있는 형태죠.

김민석 대표, 이승규 부사장과 함께 더핑크퐁컴퍼니를 공동 창업한 손동우 최고기술책임자(CTO)는 더핑크퐁컴퍼니의 콘텐츠 관리에 대해 이렇게 설명한다.

창업 초기부터 통계 툴, 콘텐츠 관리 툴, 각종 앱의 라이브러리 코드 들을 직접 만들었고, 지금도 계속 발전시키고 있어요. 창업 초기에는 모바일 앱 플랫폼에 대응하기 위해 콘텐츠 제작 툴과 앱 서비스의 연결고리를 중요하게 생각했어요. 디자이너가 초기에 사용하던 작업 툴은 스마트폰 앱에서 사용할 수 있는 형태의 결과물을 만들어 내기에는 아주 적합하다고 하기 어려웠어요. 그 툴을 스마트폰 앱에 적합하게 만들려고 연구개발하는 데 몇 년을 썼죠. 그렇게 자체 개발한 콘텐츠 제작 툴을 이후 에도 수천 번 테스트하면서 최적화시켰어요.

이 과정에서 콘텐츠를 고도화하는 데 더핑크퐁컴퍼니는 그간 쌓아온 데이터를 적극 활용했다. 그렇게 언어별로 채널을 다르게 만들고, 콘텐츠의 시청 시간을 늘리고, 무엇보다 섬네일과 연관 콘텐츠 등을 관리해 왔다. 더핑크퐁컴퍼니는 단순히 콘텐츠를 잘 만드는 회사가 아니라 테크놀로지를 기반으로 콘텐츠 전략을 실행하는 기업이다.

손동우: 휴대전화의 작은 액정에서도 영상이 잘 보이도록 기기별로 영상을 다르게 변환하고, 클라우드 서비스를 도입해서 속도와 안정성을 높여 놓은 덕에 핑크퐁 서비스를 전 세계 시장에 안정적으로 출시할 수 있었어요. 더핑크퐁컴퍼니의 앱이 국내 매출 1위는 물론 160개국 이상의 국가에서 성공한 배경이라고 봅니다.

권빛나: 대표님이 과감하게 뉴미디어에 집중하면서 데이터를 강조했어요. 공동 창업자가 모두 게임 회사 출신이라서 자체적으로 대시보드*를 만들고 데이터 트래킹(추적)을 했거든요. 유튜브뿐 아니라 IPTV 조회수, 앱 다운로드와 판매량, 매출 등의 데이터를 통합해 관찰하고 분

* 웹의 한 화면에서 다양한 정보를 중앙 집중적으로 관리하고 찾을 수 있도록 하는 사용자 인터페이스 기능.

석해서 흐름을 보는 일에 굉장히 집중했던 회사라서 플랫폼에 대한 전략도 냉정하게 판단할 수 있었던 거죠.

이에 대해 손동우 최고기술책임자가 좀 더 구체적으로 설명한다.

콘텐츠 파이프라인도 수차례 발전이 있었어요. 초기엔 영상 파일 소스를 기반으로 자동화했고, 이후 VIMS(Video Information Management System)라는 콘텐츠 관리 시스템을 직접 제작했어요. VIMS를 통해서 콘텐츠 코드 발급부터 인트로 및 아웃트로 로고, 워터마크 삽입, 섬네일 제작, 콘텐츠 라이브러리 검색과 각종 채널 업로드 및 외부 배포까지, 말 그대로 '통합 기능'을 제공하는 콘텐츠 파이프라인을 구축할 수 있었어요. 지금은 더핑크퐁컴퍼니의 모든 구성원들이 VIMS를 통해 언제든 필요한 콘텐츠를 검색하고, 필요한 요소를 추가해 빠르고 간편하게 영상을 추출하고 있습니다.

구체적인 관찰 방식에 대해서는 권빛나 사업전략총괄이사가 다음과 같이 설명했다.

당시에는 그냥 유튜브의 콘텐츠 관리 시스템CMS(Content Management System) 페이지를 하나하나 다 들여다봤어요. 그냥 조회수를 보는 것보다 목표를 먼저 설정하고 관련 수치를 봐야 하거든요. 예를 들면 저희가 메인 언어 말고도 다양한 언어로 콘텐츠를 제작하면서, 해당 언어 채널들을 영어 채널에 통합해야 할지, 따로 론칭해 운영하는 것이 더 효율이 좋을지 고민이 많았죠. 그래서 우선 운영하던 영어 채널에 포르투갈어 콘텐츠를 올려 봤어요. 그걸 보면서 채널 통합이 구독자 증가에 도움이 되는지, 아니면 오히려 부정적인 영향을 주는지 구분해야 했던 거죠. 겉으로 보기에 영어 채널 구독자 수가 느는 것으로 보였지만, 더 자세한 데이터를 들여다보니 영어 채널에 '추천 동영상' 클릭으로 유입되는 사용자 수가 조금씩 줄어들고 있었어요. 채널의 추천 알고리즘이 악영향을 받은 거죠. 채널 분리를 결정했습니다. 그렇게 우리에게 필요한 기준을 하나씩 만들어 갔어요. 이런 부분은 아무도 가르쳐 주지 않았어요. 당시에는 지금처럼 유튜브 운영 노하우에 대한 강의나 서적도 없었고요. 담당자들이 직접 부딪치면서 경험과 논의를 통해서 배운 거죠. 그게 우리의 힘이라고 생각해요.

손동우 최고기술책임자는 더핑크퐁컴퍼니의 기술이 콘텐츠에만 국한되지는 않는다고 설명한다.

자체 콘텐츠 제작 툴을 만든 후엔 앱 시장에서의 성공이 다른 시장에도 이어질 수 있도록 각종 팝업과 푸시 마케팅이 가능한 운영 플랫폼을 직접 만들었어요. 지금은 자사 온라인 스토어는 물론이고 물류 관리 서비스도 직접 만들어 운영하고, 회사 내부에서 요구되는 행정 관리 및 처리 툴까지 직접 제작해서 사용하고 있습니다.

주혜민 사업개발총괄이사는 앞으로 해 나갈 일들을 다음과 같이 설명했다.

2014년에 입사할 때 더핑크퐁컴퍼니는 제게 콘텐츠 기업이 아닌 모바일 앱 개발·서비스 회사였어요. 개발 역량과 기술력이 회사의 큰 자산이라는 생각을 지금도 가지고 있고요. 왜냐하면 내부에서 모바일 앱을 직접 개발하고 전 세계로 출시·운영할 수 있는 역량을 바탕으로, 필요한 콘텐츠 성과 데이터를 가져와 추출해서 자동으로 분석해 주는 페이지를 만들었고, 콘텐츠 제작 시 필요한 트랜스코딩이나 섬네일 제작을 자동화해 콘텐츠 제작 효율화를 추구할 수 있었기 때문이에요. '핑크퐁플러스'는 자체 로열티 프로그램을 추가하는 형태로 빅팬이 즐길 거리를 더해 만족도를 높여 나가려고 합니다. 핑크퐁에 국한하지 않고, 다른 신규 IP들이 추가로 등장하면서 연결 구조를 만들 거예요. 저희 목표는 세계 최고의 패밀리 엔터테인먼트 기업이 되는 거니까요. 청소년용·성인용 IP도 이미 개발하고 있고, 장기적으로는 전 연령대에 걸쳐 성공적인 IP 라인업을 보여 드리는 것도 가능할 거라고 봅니다.

손동우: 기술 영역의 다음 단계는 애니메이션 제작 품질을 높이는 기술을 개발하는 것입니다. 핑크퐁, 아기상어, 베베핀을 비롯해 글로벌 시장에서 인지도를 쌓은 IP가 재미와 의미를 갖춘 스토리와 접목될 때, 스토리를 효과적으로 전달하는 데 필요한 기술과 도구를 개발하는 거죠. 콘텐츠 전달을 혁신시켰던 개발 방향이 향후에는 콘텐츠 제작 과정에도 적용되리라고 봅니다.

콘텐츠와 플랫폼 전략을 통일하면서 그 둘을 함께 성장시키고, 고객의 특성을 파악한 다음 고객 데이터를 기반으로 전략을 짜고, 의사결정의 기준을 잡는다. 여기서 기술은 마케팅 프로세스에 기여할 뿐 아니라 실제 제작에도 반영되면서 효율을 높인다. 더핑크퐁컴퍼니의 전신, 스마트스터디의 '스마트'는 바로 이러한 고도화와 자동화 단계를 기술과 전략으로 돌파한다는 데 있다.

이런 경험과 노하우가 도착하는 곳은 결국 '팬덤'이다. 핑크퐁의 팬을 찾고, 관계를 형성하고, 그 연결감을 강화하는 지점 구석구석에 전략과 기술이 존재한다.

그렇다면 과연 핑크퐁의 팬은 누구일까. 핑크퐁의 팬은 어떻게 행동할까. 핑크퐁은 이러한 팬들에게 어떤 가치를 전달하고, 어떤 관계를 맺을까. 박한솔 콘텐츠제작본부장은 다음과 같은 경험을 들려준다.

2016년쯤 외국인 자폐 아동의 보호자가 메시지를 보냈어요. 「핑크퐁 아기상어 체조」를 보고 아이가 처음으로 '엄마' '아빠'라는 단어를 말하면서 노래도 따라 부르고,

심지어 캐릭터가 하듯이 자신을 껴안아 주기까지 했다고요. 그 모든 게 처음이라는 말을 보고 너무 감격했어요.

콘텐츠를 만들 때는 언제나 아이를 먼저 생각해요. 어른들 관점으로 이해가 안 되더라도 아이들이 좋아하면 만들거든요. 물론 교육적인 부분도 놓치지 않으려고 합니다. 저희는 세세한 요소에 정말 신경을 많이 써요. 예를 들면 동물 캐릭터 발가락 수에도 굉장히 집착했어요. 다섯 개가 아니고 네 개다, 세 개다. 그런 장면은 사실 금방 지나가잖아요. 그래도 올바른 자연과학 정보를 전달하고자 꼭 체크했어요. 자막에 넣는 단어와 띄어쓰기도 국립국어원에 문의하며 점검했고요. '내 아이에게 보여 주고 싶은 콘텐츠'라는 생각을 하니까 가능했어요. 그러니까 우리는 아이와 함께 보고 싶은 믿을 만한 콘텐츠를 만드는 회사고, '아이와 함께 시간을 보내고 이야기를 나누고 같이 놀고 싶어 하는 친구를 찾는 사람'이 핑크퐁의 팬이라고 생각해요.

핑크퐁의 팬에 대해 주혜민 사업개발총괄이사는 다음과 같은 생각을 가지고 있다.

저는 핑크퐁으로 팬덤 비즈니스를 한다고 생각해요. 생각해 보면 핑크퐁이 아이들을 위한 아티스트인 거예요. 그래서 노래도 발표하고 공연도 하고 팬 사인회도 해야 하는 거죠. 그런 생각으로 사업에 접근했던 게 이제 내부에서는 당연하게 정착되었어요.

그러면 핑크퐁의 빅팬은 누굴까요? 일단 한 번이라도 핑크퐁을 접한 사람이어야 해요. 전 세계 0~7세 아이들이 타깃이고요. 타깃의 눈에 띄려고 노래를 발매하고 유튜브에 영상을 올리고 앱 다운로드를 받게 하고, 공연도 하고 전시도 하고 라이선스로 제품을 만들죠. 그렇게 접점이 많아지면 아이들이 더 다양한 방식으로 핑크퐁을 접할 거고 빅팬이 될 가능성도 높아지겠죠. 그래서 우리의 팬이 될 가능성이 높은 집단과의 접점을 최대한 늘리는 쪽으로 미디어 전략도 바꿨어요.

그다음 단계는 핑크퐁을 접한 사람을 팬으로, 나아가 빅팬으로 전환하는 거예요. 이렇게 전환하려면 팬을 구분해 보고 추적해야 합니다. 기준은 채널마다 다르게 정의했는데요, 멜론·지니뮤직·벅스 같은 음악 스트리밍 플랫폼에서는 핑크퐁을 매일 듣는 사람, 신곡이 나올 때 찾는 사람 등으로 이용자를 나누어 볼 수 있어요. 한 번 들은 사람은 팬이 아닐 수 있겠죠. 그런데 핑크퐁을 검색해서 찾는 사람이나 일주일에 몇 번 이상 듣는 사람은 팬일 거예요. 거의 매일 핑크퐁만 듣는 사람이라면 빅팬이겠고요. 유튜브에서는 조회수 하나에 기여한 사람, 채널을 구독하는 사람, 그중에서도 핑크퐁 영상을 100번 이상 시청하는 사람 등으로 구분하고 있어요.

그와 관련된 전략에 관해서는 권빛나 사업전략총괄이사가 다음과 같이 설명했다.

유튜브 전략을 다양하게 고민했던 것 같아요. 그중 3H 전략에 집중했어요. '히어로'Hero, '허브'Hub, '헬프'Help 콘텐츠가 연결되는 구조예요. 히어로 콘텐츠는 브랜드 인지도를 끌고 가는 콘텐츠, 허브는 연결하는 콘텐츠, 헬프는 실제 도움을 주는 콘텐츠예요. 저희에게 히어로 콘텐츠는 「핑크퐁 아기상어」였고, 이건 핼러윈이나 크리스마스 등 다양한 버전으로 보통 주말에 노출했죠. 허브 콘텐츠는 히어로를 즐기려고 들어온 사람에게 채널의 다양성을 제안하는 콘텐츠인데, 저희 채널에는 공룡이나 자동차 같은 콘텐츠들도 있어요. 「핑크퐁 아기상어」 때문에 들어왔다가 공룡이나 자동차 콘텐츠를 보고 머물게 하는 거죠. 그런 허브 콘텐츠들을 시기적절하게 업로드 했어요. 그리고 헬프 콘텐츠는 검색에 집중하는 건데요, 가령 '우리 아이 건강 관리에 도움이 되는 콘텐츠가 있을까?' '양치질을 도와주는 콘텐츠가 있을까?' '생활 습관을 어떻게 개선할까?' 같은 질문에 대응하는 콘텐츠예요. 여기엔 교육 동화·자동차·건물 등 사물 콘텐츠, 체조 콘텐츠가 다 포함돼요. 이런 전략들을 통해 일반 팬을 빅팬으로 바꿀 수 있다고 생각했어요.

주혜민 사업개발총괄이사는 핑크퐁의 팬에 대해 다음과 같이 생각하고 있었다.

저는 사업을 운영하는 쪽이니까 늘 빅팬에게 줄 수 있는 가치를 높이는 방식을 생각하게 돼요. 아이돌 비즈니스에서 영감을 받았다고 할 수 있는데, 팬들은 아티스트가 잘되길 바라는 마음이 있잖아요. 아티스트는 그 마음에 부응하려고 늘 기대를 뛰어넘는 콘텐츠를 만들고자 하고요. 우리의 빅팬들이 사랑해 주는 가치가 있는데, 그 가치를 높이려면 콘텐츠의 질을 신경 쓰는 것과 동시에 동시대의 감수성을 전달하는 것도 중요해요. 눈에 잘 띄진 않지만 인종이나 젠더 감수성을 고려한다든지요. 저희의 빅팬인 유아동에게 자연스럽게 다가갈 수 있도록 캐릭터에 이런 요소들을 녹이면서 범위를 넓혀 나가는 중입니다.

IP를 연결하는 글로벌 전략

현재, 한국 콘텐츠의 글로벌 진출은 너무나 당연한 일처럼 여겨진다. 불과 몇 년 전만 해도 한국 콘텐츠의 글로벌 시장은 일본이나 동남아시아, 남미 일부 국가에 국한되었다. 지금은 유럽뿐 아니라 미국까지 타깃으로 한다. 이런 상황에서 보통 글로벌 전략은 '가장 한국적인 것'을 강조하거나 '가장 보편적인 것'을 이야기하는 방향이 된다. 정답은 없다. 다만 각자 처한 상황에 따라 적절히 대응하고 세세하게 개발해 나갈 뿐이다. 핑크퐁의 경우엔 후자였다. 특수성보다는 보편성을 강조했다.

박한솔: 사실 핑크퐁이 잘 된 이유 중 하나는, 영유아가 취향이 형성되기 이전 단계라는 점도 작용했어요. 동물 소

리, 흥겨운 리듬의 음악을 좋아하고 점점 자라면서 '공룡이 좋아' '자동차가 더 좋아' 같은 취향이 생기거든요. 영유아 시기에는 거주 지역에 상관없이 대체로 화려한 색깔, 흥겨운 음악에 재미난 놀이 같은 걸 좋아하기 때문에 핑크퐁이 전 세계에서 공통적으로 통했던 것 같아요.

박한솔 콘텐츠제작본부장의 의견에 주혜민 사업개발총괄이사가 미디어 환경에 대한 설명을 보탰다.

한국의 미디어 환경이 굉장히 빠르게 변하고 성장한 덕분에 글로벌 시장으로 쉽게 진출할 수 있었다고 생각해요. 인터넷·게임·IPTV·스트리밍 서비스도 매우 빨리 발달해서 국내 성과를 해외에 거의 그대로 이식할 수 있었죠.

핑크퐁의 글로벌 진출이 가시화된 것은 '베이비샤크 챌린지'다. 인도네시아에서 촉발된 이 대규모 이벤트는 더 핑크퐁컴퍼니가 아니라 현지 유튜버들로부터 시작되었다. 담당자들은 그걸 놓치지 않고 자신들의 캠페인으로 전환했다. 주혜민 사업개발총괄이사가 마치 어제 일처럼 생생히 들려준 그 과정은 그야말로 극적이다. 동시에 데이터를 관찰하고 해석하고 조사하는 것이 얼마나 중요한지 알려 준다.

주혜민: 인도네시아에서 그래프가 확 튀는 걸 빠르게 발견하고 알아 보니 배우 어맨다 서니가 인기 TV쇼에 나와서 '베이비샤크 챌린지'를 했다는 거예요. 마침 그때 제가 자카르타 출장이 예정되어 있어 한국콘텐츠진흥원에서 주최하는 K-콘텐츠 엑스포에 급하게 연락해서 짧게라도 공연을 할 수 있게 해 달라고 부탁했어요.

마침 K-POP 그룹이 출연하는 무대 직전이라 엄청 많은 팬이 모여 있었는데, 무대에 핑크퐁 탈인형을 쓴 사람이 올라가서 아기상어 체조를 했어요. 그랬더니 거기 있는 수백 명의 관객, 아이뿐 아니라 청소년과 성인까지 모두 그 춤을 따라 하는 거예요.

모니터 숫자가 아니라 현장에서 직접 그 열기를 경험하니 완전히 다르더라고요. 이건 그냥 밈meme이 아니고 인도네시아 전 국민이 다 아는 콘텐츠다. 마침 현장에 있던 현지 방송국 PD에게 즉석에서 섭외를 받아서 다음 날 인도네시아 아침 방송에도 나갔죠. 그날 밤에는 '핑크퐁 아기상어 체조' 콘텐츠에 인도네시아어 더빙을 입혀서 업로드

했고요. 인도네시아 팬들의 반응이 뜨거웠습니다. '우리나라(인도네시아)에서 유행하는 게 실시간으로 공식 채널에 올라가는구나!'라고 생각했던 거예요.

바로 #BabySharkChallenge를 아예 캠페인으로 만들고, 팬들이 제작한 콘텐츠를 편집해서 올리고, 다시 캠페인을 진행하고…… 순환 구조를 만들면서 소비자들이 만들어 준 캠페인을 핑크퐁의 '베이비샤크 챌린지'라는 우리 캠페인으로 전환했어요. 운도 좋았지만, 마침 준비가 되어 있어서 가능했다고 봐요.

당연한 얘기겠지만, '글로벌'은 사실 단일하지 않다. 하지만 우리는 대체로 '글로벌'을 하나의 동일한 지역이나 대상으로 간주한다. 그게 가능한 이유는 동시대의 감수성, 정서적인 연결고리 같은 것이 존재하기 때문이다. 여기에 '문화권'이라는 눈에 보이지 않는 경계로 구획을 나누고 타깃을 설정한다.

이렇게 '눈에 보이지 않는 경계', 문화적 감수성은 콘텐츠나 행사를 기획할 때 매우 중요하다. 특히 요즘처럼 전방위적으로 ESG(Environmental·Social·Governance), 즉 환경·사회·조직이라는 키워드가 중요한 시절에는 콘텐츠 기획에 대한 고민이 깊어질 수밖에 없다. 단순히 즐겁고 유용해서 모두가 만족하는 콘텐츠가 아니라 환경과 사회를 위해 어떤 가치를 지향하고 실천하는지가 중요하다. 과거에 이런 태도는 비즈니스에서 그리 중요하지 않게 여겨지곤 했다. 하지만 세대가 바뀌고, 환경 문제가 실제 위협이 되는 상황에서 사람들의 관심과 가치관이 달라졌다. 기업은 이 변화에 가장 예민하게 대응해야 한다.

특히 핑크퐁의 경우, 이것은 비즈니스이면서 교육이다. 타자에 대한 편견은 윤리적인 문제인 동시에 비즈니스에서도 큰 위험이 된다. 비즈니스의 지속 가능성과 성장 가능성을 지키려면 혐오·차별·편견 등에 대해 예민해질 수밖에 없다. 이것은 선택이 아니라 필수 요소다. 무엇보다 글로벌 시장을 지향하는 입장에서는 이제까지 한국에서 당연하게 여겨졌던 부분들을 세심하게 다루는 방법밖에는 뾰족한 수가 없다. 그에 대해 박한솔 콘텐츠제작본부장이 다음과 같이 설명했다.

기획할 때 크리에이터 자신의 관심 분야에 대한 얘기를 많이 해요. 그중에는 기후 변화·환경·젠더나 난민 문제도 있어요. 이렇게 중요한 이슈에 핑크퐁이 가만히 있으면 안 될 것 같았죠. '우리가 이런 걸 하면 어때요?' 같은 얘길 하는 게 전혀 어색하지 않아요. 오히려 먼저 해야 한다고 생각해요.

가족이 등장하는 콘텐츠를 제작할 때는 다양한 성역할을 세심하게 고려합니다. 전통적인 성 고정관념을 의도적으로 비틀기도 하고요. 예를 들어 가정 내외의 의사결정에 엄마가 좀 더 주도적이고, 아빠는 집안일을 하는 모습을 넣는 방식으로요.

그런데 어떤 아이에게는 이런 가족이 낯설 수도 있어요. 저희는 '세상에는 이런 가족도 있어'라는 관점으로 접근해서 콘텐츠를 만들고, 아이들은 그걸 편견 없이 받아들여요.

관련 전략에 관해서는 권빛나 사업전략총괄이사가 설명했다.

결국 서로 다 연결되어 있어요. 미국이나 브라질의 이용자가 유튜브에 유입되면 앱에서도 같은 일이 벌어져요. 그래서 이번에는 브라질을 타깃으로 설정하고 테스트해보자, 유튜브 콘텐츠를 이렇게 기획하고 그 결과를 추적

하자 등으로 전략을 세우고 실행하는 일이 가능해지죠. 저희는 자사의 콘텐츠 IP를 기반으로 다양하게 분야를 나눠서 비즈니스를 해요. 유튜브나 앱 서비스와는 별개인 제품도 있고, 공연과 극장판 애니메이션·드라마 시리즈·뮤지컬도 있죠. IP를 연결하고 확장하는 것 자체가 글로벌 전략일 수밖에 없어요.

Chapter 4

팬
이론
5단계

우리는 이제까지 더핑크퐁컴퍼니의 성장 과정을 살펴봤다. 이 기업은 유무선 인터넷을 기반으로 일어난 디지털 전환이라는 큰 흐름에서 자신들의 본질을 지키며 방향을 잃지 않았고, 아이폰·아이패드·유튜브라는 새로운 미디어 환경에 부합하는 콘텐츠를 만들면서 급속한 변화에 대응해 왔다. 우연한 기회도 놓치지 않았으며, 운도 좋았고, 무엇보다 치열한 고민과 노력을 기울였다.

이들은 2022년에 회사 이름을 '스마트스터디'에서 '더핑크퐁컴퍼니'로 바꿨다. 그리고 '글로벌, 패밀리, 엔터테인먼트'를 핵심 키워드로 정하고 이후 비즈니스의 방향을 잡았다. 온 가족이 즐길 수 있는 문화를 지향하면서 웹툰·웹소설뿐 아니라 NFT, 메타버스 분야로까지 진출할 수 있다고도 밝혔다. 교육 콘텐츠 사업자에서 엔터테인먼트 콘텐츠 사업자로 전환된다는 의미다.

이런 방향성에 대해 1장에서는 크게 미디어 환경의 변화와 그에 따른 수익 모델의 변화를 살폈다. 그런데 이는 쉽게 말하자면 '제품'에 대한 이슈다. 소수 미디어의 역할이 정해졌던 때, 그러니까 레거시 미디어의 시대에는 팔아야 할 제품이 대체로 정해져 있었다. 교육 사업을 하면 교육을 위한 제품을 팔면 되었다. 책이나 부교재 혹은 강의를 팔 수 있었다. 미디어 변화가 일어나는 시기에는 교육 콘텐츠를 재미있고 쉽게 전달하는 방법을 적용할 수 있었다. 문제는 결국 '어떻게 팔 것인가'로 집중되었다.

그런데 뉴미디어로의 전환이 계속되면서 교육 콘텐츠가 '교육'과 '콘텐츠'로 분리되는 상황이 벌어졌다. 이것은 자연스러운 일이다. 디지털 환경은 본질을 더 또렷하게 만든다. 본질을 감싸고 있던 껍질을 부수고 원래의 모습을, 이전에는 생각하지 못했던 모습을 온전히 드러낸다.

음악 시장을 생각해 보자. 디지털 이전의 음악 상품은 음반이었다. 음반은 음악을 담은 재생 매체였다. 카세트테이프, 바이닐(LP), CD, MD 등이 그런 것들이다. 음반을 들으려면 카세트 플레이어·턴테이블·CD플레이어·MD 플레이어 등 재생 장치가 필요했다. 이 둘은 자웅동체처럼 함께 성장했다. 음악의 시장 모델은 아티스트–음악–음반–플레이어가 결합되어 생산–유통–판매의 구조를 이뤘다. 음악 기업은 음반을 많이 팔아야 성장할 수 있었다. 그래서 최대한 많은 아티스트를 확보하는 것이 중요했다. 이에 어떤 회사는 아예 음악도 만들고(아티스트 확보), 음반도 만들고, 하드웨어도 만들면서 시장을 장악했다. 하드웨어 제조뿐 아니라 아티스트의 매니지먼트, 영화제작사, 음악 유통사를 아우르고 있는 소니가 대표적이다. 이런 식으로, 디지털 이전의 음반 시장은 사실상 제조업이었다.

그런데 디지털 이후, 음악은 음반에서 분리되었다. 음반을 판매할 수 없게 된 음악 회사들은 새로운 수익 모델을 찾아야 했다. 아무리 유명한 가수라도 음원을 음반처럼 판매할 수는 없었다. 음반에서 분리된 음악은 '콘텐츠'라는 이름으로 영상과 결합해 유통되었다. 이제 음악은 영화, TV, 유튜브뿐 아니라 뮤직비디오, 웹툰에 이르기까지 다른 포맷과 결합되는 게 당연시되고 있다. 그 결과 음악 자체는 수익 모델이 아니라 홍보 모델에 가까워졌다. 이때 음악으로 얻을 수 있는 것은 무엇일까. 바로 음원이 아니라 음원에 대한 권리다. 즉 음악의 인기에 비례해서 커지는 영향력에 대한 권리를 확보할 수 있는 것이다.

디지털 시대의 문제는 바로 여기에 있다. 이 영향력을 어떻게 가치로 전환하고 제품화할 것인가. 다시 말해 지금 콘텐츠 사업자들이 직면한 본질적인 문제는 '어떻게 팔 것인가'가 아니라 '무엇을 팔 것이냐'이고, 이 본질적인 질문이야말로 콘텐츠 비즈니스가 어려워지는 근원적 문제다. 미디어의 변화, 소비자의 변화, 시장의 변화는 오히려 표면적인 결과다. 스마트스터디의 사명이 더핑크퐁컴퍼니로 바뀐 것도 같은 맥락이다. 콘텐츠 기업으로서 더핑크퐁컴퍼니의 핵심 자산은 '핑크퐁'이라는 캐릭터고, 앞으로는 이 캐릭터가 비즈니스를 다변화하는 데 기여해야 한다.

> ### 커뮤니티, 커뮤니티!

상황이 이렇다 보니 갈수록 사람들이 중요해졌다. 흔히 디지털 시대의 비즈니스는 고객 중심의 사고방식이 중요해진다고 한다. 제품의 설계자와 제작자 들이 사무실이나 작

업실에 틀어박혀 제품의 완성도를 높이려고 애쓰던 시대는 끝났다. 완벽하지 않더라도 일단 제품을 만들고 서비스를 출시한 다음 고객의 의견을 반영해 실시간으로 완성하는 시대가 왔다. 의견·목소리·피드백, 즉 커뮤니케이션이 중요해진다.

다시 음악의 예를 들면, 과거에는 음반의 완성도를 높이는 것이 최우선이었다. 마케팅은 그 음반을 알리는 일에 집중되었고, 그 결과로 생겨난 브랜드 영향력을 토대로 음악 외에 광고 등의 부가가치를 얻을 수 있었다. 이런 행위는 강력한 커뮤니티, 즉 팬덤으로 돌아왔다.

하지만 지금 음악 및 콘텐츠 산업은 그와는 반대로 작동한다. 음반 대신 음원이 먼저 등장하는 시대도 지나갔다. 예를 들어 오디션 프로그램은 하나의 메시지, '최고의

음악과 팀을 찾겠다'는 선언으로부터 시작된다. 『쇼미더머니』 같은 힙합 오디션은 한국 최고의 래퍼를 뽑겠다는 의지만으로 시작된다. 그 과정에서 시청자들이 모이고, 출연자들의 개별 팬이 생기고, 느슨하게 연결된 커뮤니티가 만들어진다. 회차마다 음원이 출시되고, 그 과정에서 출연자에 대한 브랜딩이 이뤄진다. 『스트리트 우먼 파이터』 같은 오디션 프로그램도 마찬가지다. 최고의 팀을 위한 경쟁 구도 아래 각종 콘텐츠가 쏟아지고, 그 과정에서 출연자들의 팬덤이 생긴다. 『프로듀스 101』 같은 아이돌 오디션 프로그램의 공식 앨범, 혹은 데뷔 앨범은 몇 달이 지나 프로그램이 끝난 뒤에야 출시된다. 커뮤니티가 먼저 생기고, 그 과정에서 브랜딩이 이뤄진 다음 마침내 제품이 출시되는 것이다.

이러한 커뮤니티가 콘텐츠 비즈니스에서만 중요한 게 아니다. 서비스·제품(생활필수품에서 사치품까지)·식음료·라이프스타일 전반에서 그 비중이 높아진다. 기술적으로 제품의 질이 경쟁 우위를 가지는 시대가 지났기 때문이다. 소비자의 눈높이는 높아졌고, 취향도 까다로워졌다. 이제 제품의 질을 높이는 것은 목표가 아니라 기본 소양이 되었다. 경쟁 우위는 인지도와 영향력, 다시 말해 소비자들과의 관계에서 생긴다.

앞장에서 주혜민 사업개발총괄이사가 '팬덤 비즈니스'를 언급하며 "핑크퐁이 아이들을 위한 아티스트"라고 말한 대목도 같은 이유다. 핑크퐁을 아티스트처럼 생각한다고 해서 교육 콘텐츠를 소홀히 한다는 뜻이 아니다. 오히려 본질적인 가치, 교육이라는 가치는 더 엄격하게 관리되어야 한다. 그래야 좋은 고객이 모이고, 그들과의 관계가 강화될 수 있다. 더핑크퐁컴퍼니의 기업 가치가 얼마나 높아질지는 고객과의 관계의 밀도가 얼마나 높아지느냐에 달려 있다고도 할 수 있다.

그런데 커뮤니티는 어떻게 구성할까?

여기서 말하는 커뮤니티란 단순히 사람들이 모인 집단이 아니다. 단순한 소비자 그룹과도 다르다. 내가 말하는 커뮤니티는 하나의 메시지로 통합된 관계의 집합이다. 소비자 그룹은 제품의 소비를 습관적으로 반복하는 사람들이다. 이들에게 브랜드는 습관을 통해 형성된 약한 신뢰 관계를 가진다. 습관을 바꾸는 건 쉽지 않지만, 그렇다고 영원한 것도 아니다. 반면 커뮤니티는 가치를 '지키는' 쪽에 가깝다. 브랜드와 나의 가치관이 만날 때 커뮤니티가 형성된다.

따라서 '커뮤니티를 어떻게 구성할 것인가'라는 질문은 '어떤 메시지로 사람들을 모을 것인가'라는 질문으로 전환되어야 한다. 이렇게 메시지로 연결된 사람들은 그 어떤 소비자 그룹보다 강력한 연결성을 가진다. 이게 바로 팬덤이다.

팬 이론

나는 지난 20여 년간 음악과 엔터테인먼트 산업을 경험하면서 다양한 팬을 만났고, 동시에 팬을 필요로 하는 사람을 만났다. 그러면서 깨달은 게 있는데, 그건 바로 모두가(심지어 팬 본인들도) 팬이라는 존재를 피상적으로 이해하거나, 아예 이해하지 못하거나, 종종 오해한다는 사실이다.

어떤 사람은 팬을 '충성심 높은 고객'으로 정의한다. 하지만 나는 '충성심'이라는 표현을 지양한다. 솔직히 말하자면 전혀 쓰고 싶지 않다. 충성심은 당사자를 배제하는 표현이기 때문이다. 당사자가 중요하다고 하면서 정작 그들을 대상화한다. 팬들은 각자 다른 이유로 팬이 된다. '충성심'이라는 표현은 그 각각의 이유를, 경험을, 맥락을 제거한다. 한 마디로 팬을 존중하지 않는 표현이다.

나는 팬덤과 커뮤니티의 핵심이 '마음'이라는 것을 새삼 깨달았다. '팬은 누구인가?'라는 질문보다 '팬의 마음은 무엇인가?'라는 질문이 더 중요하다. 어떤 아티스트를, 크리에이터를, 제품을, 콘텐츠와 브랜드를 누구보다 소중하게 생각하는 그 마음은 대체 무엇이고 어떻게 작동하는가. 팬 기반의 비즈니스 모델을 만들거나, 비즈니스 모델을 팬 베이스로 키운다는 것은 바로 그런 '마음'을 우선적으로 고려하는 것이다. 그렇다고 무작정 착하게만, 듣고 싶은 말만 할 수는 없다. 개인과 개인의 관계도 어려운데, 하물며 콘텐츠 혹은 브랜드와 개인의 관계는 더 어려울 수밖에 없을 것이다. 감성적이면서도 이성적이고, 조직적이면서도 개인적이다. 이러한 모순 때문에 나는 팬덤을 기반으로 삼은 모든 비즈니스를 '마음의 비즈니스'라고 바꿔 부르고 있다.

그러면 이제 팬의 마음 구조를 살펴보자. 이걸 '팬 이론', 개인적으로는 '사랑 이론'love theory이라고 부른다. 사람들에게 '팬'의 모습을 떠올려 보라고 하면 보통 양 손에 각각 좋아하는 아티스트의 이름이 새겨진 피켓과 휴대전화를 든 교복 입은 10대 소녀를 떠올린다. 이들은 방송국·행사장·콘서트장 앞에 무리를 이루고 있을 것이다. 하지만 한국 콘텐츠가 글로벌 영향력을 키우는 현재, 실제 현장에서 만날 수 있는 팬은 피부색도, 헤어스타일도, 복장도, 언어도 다양하다. 한편으로는 중년 그룹의 팬도 존재한다. 그들은 주로 트로트 가수에 환호하지만 좋아하는 아티스트의 이름이 새겨진 피켓도, 휴대전화로 좋아하는 아티스트를 촬영하는 모습도 앞의 팬들과 완전히 동일하다. 웹소설이나 웹툰, 게임 장르의 팬도 있다. 우리는 이들을 모두 특정한 외모와 성향의 스테레오 타입으로 규정하고 인식한다. 하지만 아니다.

더핑크퐁컴퍼니의 팬은 유아동과 그들의 보호자다. 이 둘은 완전히 다른 그룹이다. 특히 현재의 미디어 환경에서 유아동은 자극적인 콘텐츠를 가감없이 받아들이기 쉽고, 보호자는 그런 콘텐츠를 걸러 내려고 애쓴다. 일차적으로는 보호자의 신뢰를 얻어야 하는 것이 우선이지만 동시에 재미와 교육적 가치도 지녀야 한다. 더핑크퐁컴퍼니에게 팬덤이란 보호자와 유아동을 동시에 아우르는 개념이다. 그래서 어렵고, 그래서 도전적이다. 더핑크퐁컴퍼니의 팬덤 비즈니스가 완성된 것은 아니다. 이들은 자신의 업을 팬덤 비즈니스로 규정하고 그에 맞는 전략을 찾아가는 중이다. 팬덤 비즈니스를 위해서는 우선 팬의 마음을 이해할 필요가 있다.

하고 싶은 말은 이거다. 팬은 생각보다 넓은 그룹을 포괄하고, 더 일상적인 영역에 존재한다. 개인에게도 팬 경험은 삶의 매우 중요한 요소로 자리잡는다. 핑크퐁의 콘텐츠를 소비하는 그룹에게도 마찬가지다. 내가 정리한 팬의 마음을 더핑크퐁컴퍼니와 연관해서 살펴보자.

1단계 접촉 CONTACT

누구에게든 아티스트나 브랜드와 처음으로 만나는 순간이 있다. 이 만남은 대부분 우연이다. SNS 친구를 통해 소개받거나, 광고를 통해 접하거나, 미디어를 통해 음악이나 뮤직비디오를 보거나. 그때의 반응은 놀라움과 열광이 아니라 대체로 '그냥 그런가 보다'에 가깝다. 하지만 일부는 왠지 모르게 계속 생각나고 떠오른다. 광고 내용이 웃겨서, 디자인이나 외모가 훌륭해서 등등 여러 이유가 있을 것이다. 어쨌든 우리는 이 '접촉'의 순간을 거쳐 아티스트나 브랜드의 첫인상을 기억하게 된다.

핑크퐁의 콘텐츠는 접촉 단계에서 보호자와 아이를 동시에 만나야 한다. 보통의 경우 이 단계에서 마케팅 전략이 중요해지지만, 아이에게 이 콘텐츠를 보여 줄지 말지를 결정하는 권한을 보호자가 가진다는 특수성 때문에 더핑크퐁컴퍼니는 마케팅으로만 이 어려운 진입장벽을 없앨 수 없다. 마케팅 전략보다 콘텐츠의 품질 관리가 우선이다. 더핑크퐁컴퍼니가 콘텐츠의 품질에 매우 신경을 쓰는 이유다.

보호자의 호감과 신뢰를 얻었다고 해서 이 다음 단계가 자연스레 보장되는 것은 아니다. 유아동이 실제로 핑크퐁의 콘텐츠를 좋아하고, 다시 찾아야 하는 것은 더 어려운 문제다. 아이들은 보호자보다 더 까다롭다. 이러한 난관을 뚫으면서 더핑크퐁컴퍼니는 사용자를 최우선으로 삼은 콘텐츠 기업이 될 수 있었다. 콘텐츠뿐 아니라 조직 문화 자체도 콘텐츠의 품질과 재미를 우선하게 변모했다.

2단계 몰입DIVE

그다음이 대상에게 몰입하는 단계다. 영어로 'DIVE'라고 표현하는 이유는, 그것이 빨려 들어가는 것이 아니라 스스로 빠져드는 일이기 때문이다. 접촉 단계가 우연에 의한 것이라면, 여기서는 의지가 작동한다. 직접 뛰어드는 것이다. 보통 '덕통사고'라고 표현한다. 이때 팬의 마음가짐은 가볍다. '캐주얼'하다. 더 독특하거나 더 훌륭한 다른 대상을 만나면 '갈아탈' 가능성도 크다. 혹은 그저 자연스레 흥미가 사그러지기도 한다.

이러한 특징을 핑크퐁 콘텐츠를 소비하는 저연령대 아이들에게 대입해 보자. 이 연령대의 아이들은 수시로 관심사가 바뀐다. 이들의 흥미와 관심을 얻으려면 영상과 소리가 중요해진다. 그래서 더핑크퐁컴퍼니는 고품질의 애니메이션과 음악을 직접 만들고, 거기에 교육의 목적을 반영하면서도 시청 시간이 유지될 수 있게 여러 장치를 마련한다.

핵심은 몰입하게 만드는 것이다. 뮤직비디오와 사운드, 노랫말과 아티스트의 매력에 빠져들어 팬이 되듯이 핑크퐁 콘텐츠도 그러한 요소를 통해 아이들의 마음을 건드린다. 그래서 캐릭터가 중요하고, 그래서 시리즈가 중요하다.

3단계 재미PLAY

하지만 그 단계에서 한 걸음 더 들어가면 마침내 이전과는 다른 시간이 온다. 즐겁게 노는 것이다. 음악을 반복해서 듣고, 친구에게 아티스트를 소개하고, SNS에 공유하고, 굿즈를 사고 콘서트 티켓을 구매하고, 유료 콘텐츠 지출을 늘린다. 이 단계에서는 부가 콘텐츠를 소비하는 과정 자체가 매우 즐거운 일이 된다. 그러면서 자신과 비슷한 사람을 찾고, 그들과 어울리면서 활동에 적극적이 된다. '트친'(트위터 친구)이나 덕질메이트(팬 활동으로 연결된 친구) 같은, 주로 소셜 커뮤니티에서 알게 된 사람과 교류하면서 본격적인 '덕질'을 하게 된다. 덕질을 위한 페르소나와 일상생활을 위한 페르소나가 분리되는 것도 이 단계다. '부계' '부캐'를 만들면서 소비하는 콘텐츠의 항목과 아이템의 양이 전과는 비교도 안 될 만큼 많아진다.

다만 보통은 이 단계의 소비자를 '찐팬'이라고 오해하는 것 같다. 팬이란, 거듭 강조하지만, 구매자나 소비자와는 질적으로 다른 존재다. 그렇기 때문에 어떤 브랜드나 아티스트에게는 이 단계의 소비자들이 더 중요할 수 있다. 누구나 팬을 원하지만 반드시 팬을 얻어야 하는 건 아니다. 팬을 얻겠다고 다짐하는 순간 그는 완전히 다른 존재가 되어야 한다.

이것이 팬 기반 비즈니스의 어려움이다. 팬은 개념이 아니라 마음이다. 존재다. 이것을 마케팅 용어로만 이해하면 적당한 전략과 실천으로 팬을 얻을 수 있다고 오해하게 된다. 그렇지 않다. 우리가 팬이라는 존재를 원하는 순간 다른 존재가 되어야 하는 것은 그런 이유다. 따라서 어떤 기업에게는 팬이 아니라 이 단계의 소비자들이 더 중요할 수 있다.

4단계 재발견 LOVE

이런 시간을 보내던 팬은 '재발견'의 순간을 만난다. 덕통사고와 비슷하지만 그보다는 내면에서 질적인 변화가 일어나는 단계라고 할 수 있다. 내가 알던 그 사람이 그 사람이 아니게 되는 것, 전과는 다르게 보이는 것. 이것은 분명히 태도의 변화다. 그래서 나는 이 단계를 'LOVE'라고 정의한다. 우리는 순식간에 사랑에 빠지기도 하지만, 중요한 건 그 감정이 지속되는 동력이다. 이제까지의 경험이 사랑을 만든다. 이 단계에 이르는 팬은 아티스트나 브랜드의 태도를 엿보게 된다. 음악·뮤직비디오·서비스 같은 완성된 결과물보다는 그걸 만드는 사람과 그들이 참여하는 과정, 평소의 모습과 생각, 미디어에 비치지 않는 모습 등을 통해 이러한 태도를 인식한다.

이전에는 레거시 미디어가 이런 요소를 전달했다. 전문가 같은 게이트키퍼 그룹이 이런 맥락을 전달했다. 지금은 자체 제작한 유튜브 콘텐츠, 인스타그램 라이브 등을 통해 이런 메시지가 전달된다. 말 그대로 팬은 자신이 좋아하는 대상의 내면을 엿보게 된다. 혹은 엿본다고 생각한다. 그로부터 그저 콘텐츠가 좋다는 것 이상의 가치관을 알게 된다. 핵심은 이 단계에서 팬의 마음가짐이 진지해진다는 점이다.

핑크퐁의 경우, 누가 알아주지 않아도 콘텐츠에 올바른 메시지를 담으려고 애쓰고, 그 진심이 전달될 때 소비자는 핑크퐁을 재발견할 수 있다. 그리고 이러한 인식의 변화를 경험한 소비자는 그전으로는 돌아가지 못한다. '찐팬'으로 재탄생하는 것이다.

그리하여 마침내 그의 존재가 내 삶에서 특별해진다. 팬의 마음을 기준으로, 아티스트나 캐릭터 혹은 그 서비스와 브랜드는 그 무엇과도 대체 불가능한 수준으로 격상되는 것이다. 여기서는 아티스트의 삶과 내 삶이 밀접해진다. 그가 어떤 가치관으로 살고 있는지를 알기 때문에, 혹은 안다고 믿기 때문에 그가 자랑스럽다. 문제는 바로 이 뿌듯한 사실을 '남들은 모른다'는 점이다. 다른 사람들은 이 대상에게 나만큼 관심을 기울이지 않는다. 그들에게 내가 좋아하는 아티스트나 브랜드는 그저 흔하디 흔한 존재 중 하나일 뿐이다. 게다가 그런 사람들의 눈에 나는 그저 '얼빠'나 '빠순이' 정도로 보일 뿐이다. 그래서 팬은 상처받는다. 내가 진심을 다해 그들을 좋아하는 이유가 하찮은 것으로 여겨진다. 존중받지 못한다. 타인을 열심히 설득하기도 하지만 애초에 경험을 토대로 삼은 마음이기 때문에 논리적이기도 어렵다. 팬 경험은 대체로 사회적으로 인정은 되지만 존중받지는 못한다. 팬들은 여전히 이런저런 이유(선행, 매출, 규모, 영향력 등)로 인정받지만 조금이라도 흐트러진 모습을 보이는 순간 반사회적 존재로 규정된다. 이런 실패의 과정이 팬들 간의 연대의식을 더 강하게 만든다. 사실상 팬덤은 즐거움이 아니라 결핍을 통해 결속되는 그룹이다. 그래서 '헌신'하게 된다.

하지만 우리가 생각하듯 지키고자 하는 대상이 아티스트나 브랜드인 것은 아니다. 사실 팬이 헌신하여 지키고자 하는 것은 바로 그 자신의 마음이다. 팬이라는 정체성은 오랜 시간과 비용을 들인 결과다. 그러한 노력을 기울이는 동안 대체 불가능한 경험을 했고, 이러한 경험의 총체가 바로 '팬의 마음'을 만들기 때문이다. 우리가 보통 팬은 브랜드나 아티스트를 '위해' 일상을 보낸다고 생각하지만 그렇지 않다. 팬 경험의 궁극적인 목적지는 아티스트와 브랜드를 통해 구성된 '자기 자신의 마음'이다. 이 점을 이해하지 못하면, 팬은 그저 도통 갈피를 잡지 못할 정도로 변덕스럽고 때론 잔인할 정도로 가혹한 소비자가 된다.

팬은 '덕질'이라는 경험을 구성하는 데 투입한 시간과 노력 그리고 아티스트 혹은 브랜드의 내면을 처음 만났던 빛나는 순간들을 지키고 싶다. 그런데 만약 그들이 이러한 신뢰를 깨뜨렸다면? 헌신의 마음은 배신감으로 물들고, 그 마음은 결코 되돌릴 수 없게 된다.

접촉	몰입	재미	재발견	헌신
CONTACT	DIVE	PLAY	LOVE	DEVOTION
미디어	외모	구매한다	다시본다	특별하다
	스타일	소유한다	스토리	내 삶과 일치한다
	유니크	자랑한다	비하인드	자랑스럽다
	임팩트	주위에 알린다	태도가 보인다	남들은 모른다
			내면과 만난다	내가 잘 안다
	가벼움	즐거움	진지함	지킨다 내 사랑을

그렇다면 이 다섯 단계 중 기획자의 입장에서 가장 중요하고 의미 있는 단계는 어딜까? 바로 '몰입'과 '재발견'의 단계다. 그 외의 영역은 기획이 개입하기 어렵기 때문이다. 이때 기획이란 '의지를 통해 질적 변화를 이끌어 낸다'는 의미다. 우리가 팬의 마음을 이해하려는 이유는 팬을 얻기 위해서이므로 기획이 필요하다. 그런데 이것은 팬을 '만든다'는 뜻은 아니다. 이 문제에 대해서는 나중에 다시 설명할 것이다.

'몰입'은 '재미'로 진입하기 직전의 단계고, '재발견'은 '헌신'을 위한 단계다. 팬덤을 기반으로 하는 비즈니스는 '재미'와 '헌신' 단계에서 일어난다. 이 단계에서 대량 소비와 지속 소비가 이뤄지기 때문이다. 그러므로 그 직전의 단계인 '몰입'과 '재발견'은 실제 비즈니스를 위한 필요조건이 된다.

이 과정을 로켓에 비유하자면, '재미'와 '헌신'은 가속도의 영역이고 '몰입'과 '재발견'은 추진력의 영역이다. 가속도의 영역에 들어가면 안정적으로 날아갈 수 있지만, 거기까지 도달하기가 어렵다. 게다가 가속도는 나의 힘만으

로 컨트롤하기 어렵다. 내가 완벽히 컨트롤할 수 있는 영역
은 그 직전의 추진력 단계다. 물량이든 전략이든 활용 가능
한 것들을 모두 활용해서 가속도의 영역까지 끌어올려야
한다. 사람들을 몰입하게 만들고, 재발견하게 만들 무언가
가 필요한 것이다.

한 사람을 위한 메시지

'몰입'하게 만드는 것은 콘텐츠를 대량으로 제공하여 해결
할 수 있다. 사람들의 관심을 끌 정도로 재미있는 콘텐츠를
다양하게 만드는 것은 쉽지는 않을지라도 불가능한 일은
아니다. 그러나 '재발견'하게 만드는 것은 얘기가 다르다.
'새롭게 발견되는 일'은 시간이 매우 오래 걸릴 뿐 아니라
인위적으로 만드는 것도 거의 불가능하다. 바로 여기서 어
려움이 생긴다. 하지만 지레 포기할 필요는 없다.

한 명의 아티스트, 하나의 브랜드가 어떻게 팬을 만나
느냐의 문제는 결국 브랜딩에 대한 이야기다. 다시 말해 팬
이론 5단계는 콘텐츠의 브랜딩 프로세스인 셈이다.

그렇다면 브랜딩의 핵심은 무엇일까? 바로 한 사람의

마음을 얻는 일이다. 우리는 보통 뭔가를 이루고 싶을 때 가장 먼저 돈이 얼마 필요한지 생각하지만, 사실 '몇 명'이 필요하냐는 질문이 더 중요하다. 이 몇 명은 오직 한 명으로부터 시작된다. 1천 명도, 1만 명도 단 한 명에서 출발하는 것이다. 자금을 확보하는 것과 사람을 모으는 것 중에서 뭐가 더 중요하냐고 물으면 단연코 후자가 더 중요하다고 말할 수 있다. 자금을 먼저 확보하는 것이 순서일 것 같지만 그보다는 사람을 만나고 모으는 게 더 우선이다. 자금은 관계에 종속된다.

여기서 핵심은 커뮤니티다. 조금 우아하게 말하자면 공동체다. 세상이 변화하는 모습을 조금이라도 진지하게 살펴본 사람이라면 커뮤니티가 점점 중요해진다는 사실을 알아차렸을 것이다. 커뮤니티는 과거에도 중요한 기반이었지만, 앞으로는 그저 사람들이 모이는 걸로는 부족하다. 내가 속한 공동체가 얼마나 건강하고, 얼마나 합리적이며, 얼마나 원대한 목표를 가졌는지가 중요해질 것이다. 건강한 공동체를 만들려면 건강한 어젠다가 필요하다. 건강한 공동체는 목표가 명확하고, 구성원들이 그 목표를 위해 헌신한다. 잘 운영되는 커뮤니티에는 건전한 커뮤니케이션 문화가 존재한다.

이런 맥락에서 글·음악·영상·음성·생각 등을 기반으로 작동하는 '콘텐츠 비즈니스'는 커뮤니티 사업이 될 수밖에 없다. 콘텐츠를 업으로 삼은 사람은 시기에 상관없이 '언제나' 가장 중요한 가치가 뭔지 정확히 이해해야 한다. 이것이 바로 사람을 모으는 메시지가 된다. '재미'와 '재발견'의 사이에 필요한 것이 바로 이러한 메시지다.

앞서 말한 대로, 콘텐츠를 비즈니스로 전환하려는 사람은 커뮤니티를 고민할 수밖에 없다. 그런 고민에 빠져 있다면 내게 '언제나' 가장 중요한 가치가 뭔지 정확히 이해해야 한다. 그 과정에서 우리는 필연적으로 단 하나의 질문과 만나게 된다. 이 질문에 어떻게 답하는지가 내가 어떤 사람인지를 설명하고, 어떤 사람과 어울리고 어떤 존재가 될 것인지 알려 준다.

질문은 바로 이거다.

"나/우리는 이 사회가 더 나은 방향으로 변화하는 데에 어떻게 기여할 수 있을까?"

다시 말해 콘텐츠는 공동체의 꿈을 향해야 하고, 그것은 다수가 아니라 단 한 사람, 이런 메시지에 반응하는 단 한 사람의 마음과 닿아야 한다.

더 구체적으로 이렇게 질문할 수도 있다.

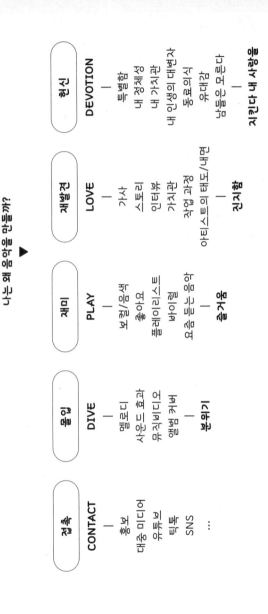

"우리는 왜 이 콘텐츠를 만드는가?"

'왜'에 대한 답을 찾는 과정에서 우리는 커뮤니티의 구심점이 되는 메시지를 찾을 수 있다. 음악가라면 '나는 왜 음악을 만들까?', 작가라면 '나는 왜 쓰는가?', 영상 제작자라면 '나는 왜 콘텐츠를 만드는가?' 등으로 질문할 수 있다. 더핑크퐁컴퍼니의 경우엔 '왜 교육 콘텐츠를 만드는가?'였다. 이 질문에서 무엇을, 어떻게 만들어야 할 것인지 정해졌다. 이런 방식으로 스스로 질문하고 답하는 동안 진짜 중요한 메시지가 만들어진다. 그리고 사람들은 이러한 메시지를 '발견'한다. 사람들은 발견하면 '반응'한다. 그래서 팬은 만드는 것이 아니라 '만나는' 것이다. 메시지를 통해 모인 사람들과 만나는 일이 바로 팬덤 비즈니스고, 커뮤니티 비즈니스고, 콘텐츠 비즈니스다.

나는 지금 팬의 마음을 이해하고 그 마음이 머물 곳을 만드는 일에 대해 얘기하고 있다. 이에 대해 여러 이론과 사례가 나와 있지만, 결국 자기 자신으로부터 출발하는 이야기가 힘을 가진다.

사실 팬 이론 5단계 중에서 3단계(접촉-몰입-재미)까지만 완성되어도 비즈니스적으로 아쉽지 않을 것이다. 콘텐츠의 매력으로 대량 소비가 일어나는 구간이기 때문이다. 기존의 팬과 새로운 팬이 섞이면서 이 과정들이 순환될 여지가 높고, 안정적인 매출 구조가 만들어질 여지도 높다. 어떤 브랜드·아티스트는 이 단계로도 충분하다.

하지만 그보다 더 큰 비전을 가지고, 더 큰 꿈을 이루고 싶다면 누구나 그다음 단계로 넘어가야 한다. '재발견'을 지나 '헌신'의 단계에 이르는 크리에이터나 브랜드는 '아이콘'이 될 가능성이 높아진다. 지금의 더핑크퐁컴퍼니도 바로 이런 기로에 놓여 있다.

팬의 재정의: 동료로서의 팬

사람들은 '팬'을 '충성도 높은 고객'으로 정의하곤 한다. 하지만 나는, 다시 강조하지만, 이런 표현을 지양한다. 팬을 존중하고 싶은 마음 때문이기도 하지만, 동시에 정확한 표현도 아니기 때문이다.

팬은 정말 고객일까? 고객이나 소비자라는 말로 팬을 정의할 수 있을까? 내가 오랫동안 궁금해했던 것이다. 팬을 고객이라고 부를 때의 위화감은 도대체 어디서 오는 것일까. 뭔가 놓치는 게 아닐까, 건망증에 걸린 것처럼 중요한 것을 잊어버린 건 아닐까. 바로 팬은 고객이 아니라 '동료'에 가깝다는 사실이 그 위화감을 조성하고 있음을 깨달았다.

팬을 고객이나 소비자로 정의하는 것은 팬을 '필요로 하는' 이들이다. 하지만 팬 자신의 입장은 다르다. 한 마디로 팬은 아티스트와 브랜드에 충성할 생각이 없다. 팬은 그렇게 수동적인 이들이 아니다. 능동적이고 적극적이다. 스스로 그(들)를 좋아하기로 결정하고 실천한다.

팬 이론의 5단계는 팬을 고객이 아니라 동료로 재정의할 때 비로소 완성된다. 나는 마지막 단계인 '헌신'을 'Dedication' 대신 'Devotion'이라고 썼다. 이 둘은 같은 뜻이지만 뉘앙스와 개념이 다르다. 'Dedication'은 일이나 업무처럼 명확한 목적을 전제로 하는 경우가 많다. 그에 비해 'Devotion'은 순수한 열망에 가깝다. 그래서 팬 비즈니스에서 '헌신'은 'Devotion', 즉 마음이 하는 일이다.

팬을 아티스트나 브랜드의 동료로 재정의할 때, 그 둘의 거리는 보다 밀착된다. 더핑크퐁컴퍼니의 동료는 콘텐츠를 아이에게 틀어 주기로 결정한 보호자와 이 콘텐츠를 보고 배우는 아이들이다. 이들은 각각의 이해관계가 다르지만, 결국 모종의 커뮤니티를 구성하게 될 것이다. 더 좋은 교육 콘텐츠를 만들고자 노력하는 것은 아이들에게 좀 더 괜찮은 세상을 마련해 주고 싶다는 마음 때문이기도 하다. 그래서 핑크퐁 콘텐츠에서 편견을 없애고 다양성을 경험할 수 있도록 애쓴다. 이들에게 콘텐츠 소비자는 단지 제품의 구매자나 수익 모델의 일부가 아니라, 공동의 목표를 이루기 위해 함께 활동할 동료인 셈이다.

여기까지, 팬의 마음을 이해하기 위한 단계들을 설명했다. 이것을 어떻게 비즈니스로 전환할 수 있을까? 연구자가 아닌 이상 이해하는 것에 멈춰선 곤란하다. 그 이해를 바탕으로 어떻게 비즈니스를 설계할지를 고민해야 한다. 팬의 마음을 어떻게 비즈니스 자산으로 바꿀 수 있을까?

팬덤 비즈니스: 동료로서의 팬을 자산화하기

아이돌 기획사의 핵심 자산은 뮤직비디오도, 음반도 아닌 누가 뭐래도 아티스트다. 아티스트의 창의력과 영향력이 높아질수록 기업의 자산 가치도 높아진다. 그런데 영향력은 정확한 수치로 환산되지 않는다. 그래서 이것을 측정하고자 음원 스트리밍 지수·SNS 팔로어 규모·뮤직비디오의 조회수·각종 시상식의 수상 경력·유명 브랜드와의 컬래버레이션 횟수 등이 동원된다. 그렇다고 이 숫자들이 영향력을 정확히 반영하는 것도 아니다. 콘텐츠는 그런 식으로 작동하지 않는다. 이 부분은 나중에 다시 얘기해 볼 것이다. 어쨌든 중요한 건, 콘텐츠 비즈니스에서 숫자는 보조적이라는 사실이다.

대다수의 기업이 이 순서를 오해한다. 숫자가 가치를 반영한다고 믿는 것이다. 제조업의 경우라면 그럴 수 있을 것이다. 물론 앞 장에서 얘기한 대로, 디지털 환경으로 전환된 시점에서는 제조업이라고 이러한 수치가 정확한 것도 아니다. 하물며 공산품이나 소비 제품이 아니라 콘텐츠에 담긴 메시지를 통해 모인 동료들, 즉 팬을 필요로 하는 비즈니스에서는 숫자를 좀 더 창의적으로 해석해야 한다.

팬을 동료로 정의하는 기업이라면, 팬의 지위를 아티스트와 '대등한' 것으로 간주할 수 있다. 아티스트와 마찬가지로 자산이 될 수 있는 것이다. 아티스트와 팬을 하나로 연결된 자산이라고 생각할 때, 비즈니스 모델은 달라진다. 비즈니스 모델이 달라지면 수익 모델도 달라진다. 파는 방식이나 마케팅 방법도 달라진다. 팬을 고객으로 정의할 때와는 완전히 다른 방법론이 필요하다. 팬 커뮤니티가 중요해질 수밖에 없는 것이다.

팬 이론 5단계는 바로 그 점을 고민한 결과다. 팬덤 비즈니스란 팬을 고객이 아닌 동료로, 또한 핵심 자산으로 재정의할 때 가능한 비즈니스다. 그렇게 '접촉-몰입-재미-재발견-헌신'의 5단계를 완전히 지배하는 단계는 바로 재발견, 사랑의 단계다. 기획자로서는 팬으로 하여금 자신의 사랑을 깨닫고 지킬 수 있는 기회를 주는 일로 만들어야 할 것이다.

알다시피 사랑을 강요할 수는 없다. 계획할 수도 없다. 조작할 수도, 조종할 수도 없다. 그렇다면 그것은 완전히 다른 사랑이다. 우리는 다만 애초의 작은 마음을 거대한 사랑으로 발전시키는 데 기여할 수 있을 뿐이다. 그 사랑을 소중하게 여기고 지키도록 도울 수 있다. 사랑은 필연적으로 이타적인 마음에서 출발하는 것이고, 그 이타성이야말로 팬덤 비즈니스의 기반이 된다.

이러한 구조의 팬덤 비즈니스는 엔터테인먼트 업계와 닮았다. 단지 콘텐츠를 기반으로 수익 모델을 만드는 것이 아니라, 엔터테인먼트의 본질에 닿아 있다는 생각이다. 그러면 엔터테인먼트의 본질은 무엇인가. 바로 매니지먼트다.

더핑크퐁컴퍼니는 2022년을 기점으로 '글로벌 패밀리 엔터테인먼트' 사업자로 변신했다. 유튜브 조회수 100억이라는 전대미문의 성과를 기반으로 다채로운 IP를 개발하고, 다양한 콘텐츠를 제작하겠노라고 선언했다. 그래서 더핑크퐁컴퍼니에게는 팬덤이 필요하다. 그런데 과연 핑크퐁의 팬은 누구일까?

앞서 팬덤 비즈니스의 전략은 한 명의 팬을 찾고, 그가 몰입하고 재발견할 수 있는 요소를 만들어 주는 일이라고 했다. 그걸 위해 사람들이 모일 수 있는 메시지를 찾고, 그 메시지로 모인 사람들을 자산화하는 기획이 필요하다고 했다. 쉽고 재미있는 교육 콘텐츠를 만드는 기업에서 엔터테인먼트 기업으로 입장을 전환한 더핑크퐁컴퍼니는 바야흐로 '마음의 비즈니스'의 영역으로 진입하고 있다. 이 모습이 내게는 핑크퐁이라는 캐릭터 IP의 정체성과 영향력을 기획하고 운영하는 매니지먼트 회사처럼 보인다.

Chapter 5

더핑크퐁컴퍼니의
글로벌
시장
진출

2022년 3월, 미국의 시사주간지 『타임』은 '2022년 가장 영향력 있는 100대 기업'에 더핑크퐁컴퍼니를 선정했다. 구글·디즈니·넷플릭스 같은 쟁쟁한 기업 중에 한국 기업은 하이브와 더핑크퐁컴퍼니뿐이었다. 『타임』은 「핑크퐁 아기상어」에 대해 "귀에 맴도는 음악을 넘어 하나의 문화적 신드롬이 됐다"라고 평가했다. 나아가 더핑크퐁컴퍼니를 '파괴적 혁신자' 그룹으로 분류했다.

한국의 콘텐츠 비즈니스는 전 세계에서 주목받고 있다. 과거 한국의 제조업과 반도체가 누리던 세계 시장에서의 지위를 콘텐츠가 이어받은 셈이다. 한국 콘텐츠의 세계 진출은 이제 너무 당연하게 여겨진다. 그중 선구자 격인 더핑크퐁컴퍼니는 미국 시장에서 영향력을 확보하고 있고 최근에는 중국과 동남아시아에서 새로운 비즈니스를 전개하고 있다.

더핑크퐁컴퍼니의 대표 콘텐츠인「핑크퐁 아기상어 체조」영상은 전 세계 유튜브 조회수 1위를 넘어 100억 뷰를 달성했으며, 핑크퐁 영어 유튜브 채널은 단독으로 구독자 수 5천만 명 이상을 기록했다. 넷플릭스에 공개된 장편 애니메이션『핑크퐁 시네마 콘서트』는 18개국에서 10위권 내로 진입했고,『베이비샤크 빅 쇼』애니메이션 시리즈는 미국에서 방영 첫날 시청률 1위, 누적 시청자 2600만 명을 기록하기도 했다.

더핑크퐁컴퍼니는 미국 로스앤젤레스, 중국 상하이, 홍콩에 이어 싱가포르에 네 번째 해외 법인을 설립했다. 단지 콘텐츠에만 국한된 건 아니다. 패밀리 IP를 개발하는 것 외에도 웹툰 및 웹소설 플랫폼에 진출하며, 메타버스와 NFT 기술을 활용해 여러 브랜드와 협업하는 사례를 늘리는 중이다. 이제 더핑크퐁컴퍼니의 주요 키워드는 '키즈'가 아니라 '글로벌' '신규 IP' '신기술'이 되었다.

대부분의 한국 콘텐츠가 아시아에서 북미로 진입하

는 경향을 보였다면 더핑크퐁컴퍼니는 반대로 북미에서 아시아로 확장되는 흐름을 가진다. 고객의 성향도, 시장의 상황이나 구조도 너무 다른 북미와 중국이라는 두 개의 시장에서 지속적으로 성장 가능한 비즈니스는 어떻게 찾아야 할까? 여기서는 더핑크퐁컴퍼니의 미국 사업을 맡고 있는 정연빈 미국 법인장과 중국 시장을 맡고 있는 최시훈 중국 법인장의 이야기를 통해 더핑크퐁컴퍼니의 경험과 전략을 유추해 본다. 콘텐츠의 글로벌 진출을 고민하는 입장이라면 이들의 이야기에 귀 기울일 필요가 있을 것이다.

미국: 팬덤과 커뮤니티를 통한 엔터테인먼트 전략

정연빈 미국 법인장

미국 법인은 2016년에 설립되었어요. 저는 2014년 말, 해외 사업 개발 담당으로 더핑크퐁컴퍼니에 입사했어요. 그때는 중국 시장 진출을 준비 중이라 중국 출장을 많이 다녔는데, 저는 미국에서 학교를 다니고 미국 문화 환경에서 성장한 터라 미국 시장에 대한 관심이 계속 있었어요. 그래서 미국 시장을 알아보려고 작은 프로젝트 몇 개를 시도했는데 그중 하나가 아마존 앱스토어 론칭이었어요. 애플 앱스토어, 구글플레이 스토어에만 앱 서비스를 제공하다가 그때 처음 아마존 앱스토어에 진출했습니다. 아마존은 대부분 미국 유저 기반인데, 이용자 참여도user engagement나 지속성이 높아서 작지만 건강한 시장으로 인식했어요. 그리고 몇 달 만에 아마존 앱스토어 키즈 카테고리 2위를 달성했어요.

이걸 계기로 바로 유튜브 채널을 론칭했어요. 채널 개설은 되어 있었지만 이전까지는 주로 앱 트레일러 홍보에 활용하다가, 오리지널 콘텐츠를 업로드하기 시작한 거죠. 유튜브 채널이 계속 성장하는 동안 트래픽도 꾸준히 늘었어요. 그걸 보고 확신했죠. 미국 시장에서도 성과를 낼 수 있을 것이다. 그래서 미국 시장에 집중하려고 2016년 여름에 캘리포니아에 미국 법인을 설립했어요. 하지만 비자나 사무실 등의 여건을 마련하는 데 시간이 걸려 운영을 시작한 건 2018년 초였습니다.

1년 반 동안 '네트워킹'에 가장 집중했어요. 더핑크퐁컴퍼니가 디지털 분야에서 인지도를 쌓고 있다고는 해도, 당시 미국의 전통적인 키즈 엔터테인먼트 업계에서는 인지도가 낮았거든요. 한국 회사인지도 모르는 경우가 많았고요. 2017년 인도네시아에서 시작한 '베이비샤크 챌린지'가 미국으로 건너가는 데 1년이 걸렸어요. 미국에서는 2018년 여름에 폭발했죠. 2016년부터 2018년까지 네트워킹에 집중한 덕에 그 폭발력을 제때 활용할 수 있었어요.

가장 먼저 했던 일은 빌보드차트 진입이었어요. 소니 엔터테인먼트와 음악 부문에서 전략적 파트너십을 맺었어요. 그 후에 영국 차트에 먼저 진입했고, 그 얼마 뒤인 2019년 1월, 빌보드 핫100 32위로 진입했죠. 그 후에는 키즈 싱글로는 최초로 미국음반산업협회RIAA의 다이아몬드 인증을 받았어요. 1천만 장 이상 판매량을 인증해 주는 등급이에요.

이걸 토대로 아기상어 제품을 시장에 빠르게 내놓는 작업을 이어 갔어요. 와우위WowWee 같은, 미국 최고 수준의 장난감 브랜드와 제휴해서, 이례적으로 계약한 지 4개월 만에 제품을 출시했어요. 보통은 1년에서 1년 반이 걸리는 시간을 놀랍게도 1/3 수준으로 줄여 버린 거죠. 첫 제품이 2018년 크리스마스 시즌에 맞춰 출시되었는데, 이틀 만에 아마존에서 매진되면서 정말 난리가 났어요. 정가 20달러짜리 장난감이 2차 마켓에서 10~15배 프리미엄이 붙어서 거래될 정도였으니까요. 그러면서 코첼라페스티

벌에도 출연하고, 라스베이거스쇼에도 나가고, 각종 유명 토크쇼에도 출연하면서 인기를 차곡차곡 쌓았어요.

이제 다음 단계는 뭘까. 이 인기가 얼마나 갈까. 아기 상어가 미국 내에서 지속적이고 계속 신선한 콘텐츠로 자리 잡으려면 어떤 게 필요할까? 이런 고민의 결과는 레거시와 손을 잡으면서 동시에 우리 자신이 혁신이 되는 것이었어요. 디지털에서는 이미 충분한 고객을 확보했다고 판단했었거든요. 이런 팬들과의 접점을 더 확장하고 디지털 숏폼 콘텐츠와는 다른 경험을 제공하기 위한 방법을 찾았죠. 그래서 미국의 탑 키즈 채널이자 브랜드인 니켈로디언과 파트너십을 맺었어요. 『베이비샤크 빅 쇼』는 그런 맥락에서 등장한 거죠.

정말 온갖 타이밍이 잘 맞아 떨어졌어요. 대중적인 인기를 얻는 콘텐츠 IP는 적지 않죠. 하지만 생명력은 매우 짧아요. 그 짧게 찾아온 운을 에버그린*하게 지속되는 프랜차이즈 브랜드로 자리 잡게 만드는 건 완전히 다른 얘기인 것 같아요. 저희가 이렇게 빠르게 사업을 확장한 것이 더핑크퐁컴퍼니만의 자산이라고 생각해요.

예를 들어 빌보드차트에 진입하려면 음반 판매량 집계가 필요해요. 그런데 저희는 음악 산업은 전혀 모르거든

---

* 상록수처럼 오랜 시간 소비되는 콘텐츠, 시의성과 상관없이 대중이 반복해서 찾는 콘텐츠를 가리켜 흔히 '에버그린 콘텐츠'라 지칭한다.

요. 이런 부분을 위해서 전략적인 파트너십이 필요했어요. 저도 이 분야에 대한 공부를 정말 많이 했는데, 음원 쪽은 권리 관계도 복잡하고 권리자들도 많아서 알면 알수록 영상과는 정말 다른 사업이란 느낌이 들었죠. 하지만 재미있게 배워 나갔고, 그 과정에서 우리에게 필요한 부분, 강화해야 하는 부분을 찾아서 메웠어요. 그래서인지 지금도 더핑크퐁컴퍼니의 매출에서 중요한 부분을 차지하는 게 음원 배급과 퍼블리싱 분야에요.

IP 비즈니스는 프랜차이즈로 넘어가야 한다고 생각해요. 저희는 그 과정에 있는 셈인데요, 프랜차이즈로 성장하려면 콘텐츠뿐 아니라 오프라인에서의 접점도 굉장히 중요해요. 어떻게 해야 팬들의 일상에 접점을 최대한 늘릴 수 있는지 고민하는 과정과 그걸 통해 팬의 시간을 얻는 전략도 필요합니다. 오프라인 제품을 개발하는 이유도 바로 그 때문이에요. 이걸 위해서는 제품 라이선스 프로그램이 굉장히 잘 받쳐 줘야 하고요. 그래야 길게 보고 움직일 수 있는 브랜드로 성장합니다.

저희는 궁극적으로는 디즈니를 지향해요. 디즈니는 콘텐츠 분야에서 프랜차이즈로 잘 성장한 기업인데요, 최근엔 다시 디즈니플러스라는 구독 모델로 성공적으로 전환하면서 콘텐츠·프렌차이즈·구독 모델이라는 생태계를 유일하게 구성했다고 생각해요. 어느 회사라도 그렇게 생각할 거예요.

미국 시장에서 팬덤을 만나다

미국 사용자도 한국과 크게 다르지 않아요. 0~7세 아이들과 보호자는 비슷해요. 다만 아기상어가 유명해지면서 신규 진입 사용자가 꾸준히 생겨나고 있고요, 아기상어가 유명해지기 전부터 핑크퐁을 보던 사람들은 '찐팬'이 되고 있다고 봐요. 캐릭터와 채널의 역사를 회사 사람들보다 더 큰 애정을 가지고 자세히 기억하는 사람들이 많아요.

사실 아기상어의 유명세 때문에 핑크퐁의 기여도가 조금 가려지는 부분이 있다고 생각하는데요, 결국 아기상어라는 슈퍼 IP를 만들 수 있었던 기반이 바로 핑크퐁이라는 브랜드였어요. 저희는 미국에서 미취학 아동을 대상으로 하는 라이선스 제품 중에서 탑클래스에 속해 있어요. 여기에 라이브 쇼도 있고 니켈로디언과 함께 만드는 장편 애니메이션도 있죠. 미국에서 핑크퐁을 즐길 수 있는 채널을 다양하게 잘 갖춰 놓았다고 생각해요. 핑크퐁의 '찐팬'들이 있고, 다양한 채널로 접점을 만들고 있으니까, 한국에서처럼 미국에서도 핑크퐁이 국민 키즈 IP로 불릴 날이 오지 않을까, 이런 기대를 갖게 돼요.

그러려면 연령대의 한계를 극복해야겠죠. 니켈로디언과 『베이비샤크 빅 쇼』를 기획할 때의 고민이었어요. 핵심 타깃은 미취학 아동이지만, 조금 더 높은 연령대의 아이와 어른도 함께 즐기고 공감할 만한 테마와 감성, 유머를 녹였습니다.

저희가 가장 중요하게 생각하는 개념은 '공동 시청'이에요. 요즘은 아이들이 TV나 유튜브를 혼자 보지 않고 가족과 함께 봐요. 넷플릭스 같은 OTT도 그렇죠. 따라서 저희는 가족 콘텐츠를 지향해요. 『베이비샤크 빅 쇼』는 유튜브 채널에 비해 좀 더 높은 연령대에서 반응이 좋아요. 10대를 대상으로 하는 '문샤크'라는 캐릭터도 이런 맥락에서 등장했고요, 아기상어와 카디비가 협업해서 음원을 발표하는 것도 같은 맥락이에요. 생각보다 많은 어른들이 아기상어를 좋아한답니다.

콘텐츠보다 어려웠던 부분은 라이선스 제품 쪽이었어요. 프랜차이즈를 만들려면 오프라인 사업이 굉장히 중요한데, 디지털은 이제 더 이상 게이트키퍼가 없다고 볼 수 있잖아요. 하지만 오프라인 비즈니스에는 여전히 강력한 게이트키퍼들이 존재해요. 2018년에 미국에서 아기상어 제품을 만들려고 할 때만 해도 오프라인 사업자들이 디지털 콘텐츠를 신뢰하지 않았어요.

오프라인 제품을 론칭하려면 라이선시*와 리테일러**라는 게이트키퍼와 긴밀한 관계를 맺어야 하는데, 특히 리테일러가 보수적이에요. 항상 잘 팔리는 걸 계속 지키려는 성향이 강하기 때문이죠. 아마존에서 직접 판매자로 등록할 수도 있지 않느냐고 생각할 수도 있는데, 빠르게 성장하려면 무조건 대형 리테일러가 필요하다고 봤어요. 그런데 이들이 디지털 콘텐츠에 대해 회의적이었던 거죠.

당시만 해도 '피지컬 마켓', 즉 실물 상품이 기반이 되는 라이선스 시장에서 성공한 디지털 콘텐츠, 특히 키즈 콘텐츠 사례는 전무했어요. 그야말로 하나도 없었어요. 그러니까 저희로서는 일단 사례를 만드는 작업이 중요했습니다. 그래서 온라인 리테일러와 손잡고 아마존에서 상품을 론칭했어요. 그런데 그게 이틀 만에 완판이 되면서 크게 주목을 받았죠. 6개월 전만 해도 반응이 미지근하거나

---

* 특정 물품의 상표권 또는 저작권을 보유한 권리자에게 사용료를 내고, 물품을 생산하거나 상표를 사용할 수 있는 권리를 얻는 계약을 라이선스 계약이라고 한다. 라이선스 계약을 통해 인허가권자에게 권리의 사용 허가를 부여받는 사람을 라이선시 또는 실시권자라고 한다.

** 소매상.

외면했던 대형 리테일러들이 먼저 연락해 왔어요. 제품을 가장 먼저 받으려고 비행기도 보내고요. 1년도 안 돼서 실물 상품 시장과 디지털 콘텐츠의 역학 관계가 뒤집어진 걸 깨달았어요. 돌아보니 저희가 그 관계를 역전시키는데 기여한 바가 있고, 말하긴 조심스럽지만 새로운 시장을 개척했다고도 볼 수 있는 거죠.

NFT, 커뮤니티, 크리에이티브 그리고 테크

저희는 요즘 신규 사업으로 NFT를 관찰하고 있는데요, 이곳은 정말로 커뮤니티 베이스의 시장이잖아요. 이 부분에 주목해서 팬덤을 접목하려고 애쓰고 있어요. 아기상어가 키즈 IP이지만, 성인 팬덤도 많아요. 아이 때문에 아기상어를 접했다가 자신들이 이 캐릭터의 팬이 되는 경우도 많고요. 그래서 애니메이션에도 어른들이 좋아할 만한 유머를 많이 넣었어요. 저희 콘텐츠에 참여하는 제작자, 작곡가 같은 크리에이터들도 아기상어를 좋아하기 때문에 팬덤 친화적인 콘텐츠가 나올 수 있는 것 같아요.

6~7년간 핑크퐁이 성장하고 콘텐츠가 고도화되고 팬

덤이 생기는 걸 지켜보면서 분명히 깨달은 건 콘텐츠 비즈니스에서는 크리에이터가 제일 중요하다는 사실이에요. 콘텐츠는 크리에이터가 전하고 싶은 스토리와 메시지가 다 녹아 있는 작품으로 봐야 해요. 미국 시장에서 한국 콘텐츠가 좋은 반응을 얻는 것도 같은 이유라고 생각해요. 미국에서 제작된 콘텐츠는 너무 비슷하거든요. 양은 많지만 참신한 콘텐츠는 드물죠. 한국 콘텐츠가 그런 부분을 채워줬다고 생각해요. 한국 크리에이터들은 트렌드를 잘 따라가면서도 고유한 스토리를 버겁지 않게 잘 섞는 것 같아요.

그러니까 미국에 진출한다고 했을 때는 미국에서 먹힐 만한 콘텐츠를 고민하는 것보다는 크리에이터가 하고 싶은 이야기를 충분히 풀어낼 수 있는 뚝심을 가지는 게 중요하다고 봐요. 물론 스토리텔링이 중요하고 스타일도 중요하지만 본질적인 DNA를 잊으면 안 되잖아요. 저희도 마찬가지예요. 핑크퐁이랑 아기상어 신드롬의 배경에는 고유의 음악적 DNA가 작용했다고 생각해요. 그래서 앞으로 새로운 IP를 개발할 때도 음악적 DNA에 더 집중할 필요가 있죠.

제가 어렸을 때 아프리카에서 산 적이 있어요. 초등학교 이후 한국을 떠나 청소년기를 아프리카에서 보내고, 한국에 잠깐 들어왔다가 대학은 미국으로 진학했어요. 그리고 다시 한국에 돌아갔다가 지금은 다시 미국에서 살고 있죠. 나이를 먹고 커리어를 쌓아 가면서 제가 경험한 문화적 다양성이 일하는 데 정말 큰 도움이 된다는 걸 느껴요.

디지털 환경에서 NFT, 메타버스, 게임 같은 분야가 새롭게 생겨나고 있는데, 콘텐츠 환경은 이런 식으로 급속도로 바뀔 거에요. 과거보다 바뀌는 속도가 더 빠르죠. 5~10년 전에 망설이다가 뒤처진 회사들이 지금은 그때와 같은 실수를 하지 않으려고 누구보다 먼저 뛰어들고 빠르게 성장하고 있으니까요. 지금은 무조건 실행하고 실패하고 배우면서 다시 도전해야 하는 시대인 것 같아요. 이렇게 시장이 변화·확장하면서 글로벌 감수성, 문화적 다양성도 너무 중요해지고 있죠. 누구나 공감할 수 있는 이야기를 하는 게 중요하지만, 그건 결국 크리에이터의 경험에서 나오는 거잖아요. 크리에이터의 경험이라는 특수성을 누구나 공감할 수 있는 보편성으로 바꾸는 게 성공하는 콘텐츠의 핵심이라고 생각해요.

중국: 교육 사업의 경험을 바탕으로 삼다

최시훈 중국 법인장

중국은 다른 나라와 생태계가 매우 달라요. 그래서 더핑크퐁컴퍼니가 다른 나라에서 성과를 낸 사례를 중국에 그대로 적용하기는 어려웠습니다. 우선 유튜브와 구글플레이가 안 되는 지역이기 때문에 전략을 짜는 단계부터 매우 힘들었어요.

제가 은행권청년창업재단이 운영하던 '디캠프'에 있던 2014년, 더핑크퐁컴퍼니가 중국에서 열린 테크크런치 상하이에 참가했어요. 그때 인연을 맺었죠. 그 후 공동 창업자인 이승규 부사장이 아예 가족들과 상하이로 이주해 2년 정도 살면서 중국 진출의 토대를 닦았어요. 그걸 지켜보면서 '아, 더핑크퐁컴퍼니가 중국 시장을 정말 중요하게 생각하구나.' 느꼈고요. 그 무렵에는 유쿠, 텐센트, 샤오미 같은 현지의 OTT 사업자들과 B2B 형태의 사업 구조를 짰어요.

그 무렵 중국의 OTT 시장은 경쟁이 심했고, 상대적으로 후발 주자였던 샤오미가 모바일이 아닌 TV를 통해 시장을 점유해 가며 해외 콘텐츠를 수급하려던 참이었어요.

핑크퐁의 동요 콘텐츠는 개인을 넘어 가족 단위의 고객을 공략하기에 적합하다는 점을 샤오미 측에 적극 어필했고, 그들이 한국 콘텐츠에 본격적으로 관심을 가질 때 저희가 거의 처음으로 파트너십 계약을 맺었죠. 지금도 저희 콘텐츠는 샤오미 유아동 카테고리 상위권을 차지하고 있어요. 중국 진출 초기부터 다른 시장과는 차별화 된 방식으로 전략을 세웠던 것이 지금의 중국 사업을 펼치는 데 탄탄한 기반이 되었다고 생각해요.

재미보다 교육을 먼저 생각하는 시장

또 다른 재밌는 사실은, 그후 'VIPKID'라는 중국의 인터넷 교육 기업이 핑크퐁 콘텐츠의 라이선스를 샀어요. 어린이 도서나 의류, 식품 등의 라이선스 계약은 흔했지만 인터넷 교육 기업이 더핑크퐁컴퍼니와 콘텐츠 라이선스 계약을 체결했다는 사실이 좀 특이했는데요, 그 계기로 중국은 교육에 조금 더 특화된 시장이라는 걸 깨달았죠.

그 당시 저는 디캠프를 거쳐 LG생활건강에서 디지털 신사업을 담당하고 있었어요. 더핑크퐁컴퍼니와 라이선스 계약을 맺고 베비언스, 페리오 등 브랜드의 제품 개발과 마케팅을 진행했죠. 그 후 중국에 가서 제 커리어를 이어 가면 좋겠다고 생각하고 있었는데 마침 이승규 부사장이 한국으로 돌아오면서 제게 중국 사업을 맡으면 어떻겠느냐는 제안을 했어요. 이 과정이 매우 심플했어요. "시훈님, 중국에 갈래요?" "네 갈게요!" (웃음)

이후 일이 빠르게 진행됐고, 2019년 3월부터 본격적으로 중국에서 일을 시작했어요. 그때 중국에는 법인 사무실도, 직원도 없었어요. 당시 저도 네 살짜리 아이의 아빠였고, 중국에서 육아를 하고 있었죠. 현지에서 직접 키즈 콘텐츠의 본질에 대해 다방면으로 생각해 볼 수 있는 계기가 됐어요.

생각했던 대로 중국은 교육에 대한 니즈가 더 컸다는 걸, 육아를 하면서 제 몸으로 느꼈던 거죠. 한국이나 미국은 핑크퐁 콘텐츠를 재미있게 소비하다가 뭔가를 배우는 게 있으면 더 좋다! 하는 식으로 생각한다면, 중국은 배우기 위해서 놀이를 하는 방식이에요. 둘이 같은 것처럼 보이지만, 순서가 완전히 다르죠.

그래서 보호자가 아이에게 뭔가를 보여 줄 때도 목적성을 가지는 경우가 많았어요. 중국에서 핑크퐁 콘텐츠를 좋게 본 이유 중에 가장 큰 것이 바로 '언어'였어요. 중국에서 핑크퐁 콘텐츠는 영어 콘텐츠이자 글로벌 IP로 인식되었습니다. 영어와 중국어 콘텐츠가 음악은 같은데 언어만 달랐으니, 외국어 교육에 좋다는 식으로 포지셔닝되어 있었어요. 동요로 영어 공부를 많이들 하는데, 어릴 때는 영어 가사가 무슨 말인지 모르니까 중국어 가사와 함께 들으면 교육에 도움이 될 거다 하는 식이었죠. 마치 오래전 한국과 비슷해서 방향성에 대한 예측은 가능한데, 시장 사이즈도 다르고 비즈니스 감수성도 너무 달라서 한국에서의 성과나 경험을 그대로 적용할 수는 없다고 판단했어요.

특히 당시에 핑크퐁 콘텐츠는 한국어나 영어로 먼저 만들어진 다음 중국어로 번역하는 과정을 거쳤어요. 이렇게 하면 중국 사용자들이 영어 교재로 쓸 수는 있지만, 동요 콘텐츠로는 받아들이기 어렵다고 생각해서, 장기적으로 중국어 콘텐츠 제작에 투자를 하기로 결정했어요. 그래서 2019년 가을부터 현지 팀을 구성했습니다.

덕분에 지금은 저희가 중국의 오리지널 콘텐츠를 1년에 거의 200분 가까이 직접 만들고 있어요. 기획자, 원화 디자이너, 애니메이터 등을 법인 내에 두고 있고요. 그렇게 만든 콘텐츠는 중국인들이 봤을 때 외국 콘텐츠라는 생각이 안 들 정도에요. 그렇게 콘텐츠를 만들며 신규 사업으로 준비한 게 '핑크퐁홈스쿨'이었어요. 한국에서 제작된 교육 프로그램을 2019년 말부터 시작해서 이듬해 내내 현지화하는 작업을 진행했고, 2021년에는 완전한 중국 버전을 출시했습니다.

대도시가 아니라 주변 도시부터 공략하다

중국은 매우 큰 나라에요. 문화도 언어도 성향도 지역별로 다르죠. 베이징 사람들이 핑크퐁을 보는 관점과 남쪽 지역 사람들이 보는 관점은 상상 이상으로 크게 달라요. 저희 법인은 상하이에 있는데, 상하이는 상하이대로 또 매우 달라요. 금융에 특화된 대도시라서 정말 가격 민감도도 높습니다. 교육에 쓸 돈이 없어서가 아니라 매우 깐깐하고 이성적으로 판단하려는 태도가 강해요. 하지만 역으로 주변 지인들, 다른 보호자들이 좋다는 이야기를 하면 바로 구매를 결정하기도 해요. 이런 아이러니한 현상 때문에 마케팅이나 세일즈를 표준화하기가 매우 어려웠습니다. 이런 이유로 저희는 중국 전체가 아니라 특정 도시나 성을 정한 뒤에 도장 깨기 하듯 순차적으로 공략해 나가는 전략을 채택했어요. 지역 문화에 맞는 타겟팅과 방법론이 기본입니다. 중국 비즈니스는 특수성에 맞춰야 해요.

중국의 지역 격차는 상상 이상으로 큽니다. 지난 20년간 엄청나게 성장한 시장이라서인지 도시나 성 사이의 인구 이동도 매우 높아요. 그렇기 때문에 베이징, 상하이, 광저우, 선전 같은 대도시는 이미 포화상태고, 그에 대한 반작용으로 주변 위성 도시나 신도시로 유입되는 인구가 정말 많습니다.

저희가 2021년 6월 중순 중국 장쑤성 창저우시에서 팝업 스토어를 오픈했는데요, 창저우는 중국 기준으로 매우 작은 도시에요. 하지만 인구는 300만 명이죠. 상하이에서 고속철도로 1시간 30분 정도 걸리는 곳인데 '이런 곳에서 핑크퐁이 팝업 스토어를 왜 하지?'라고 반문하실 수 있어요. '베이징 아니면 적어도 상하이에서 크게 크게 해야 하지 않아?' 하고요.

그런데 저희 경험으로는 상하이의 보호자들은 이미 이러한 유아동 IP와 캐릭터, 콘텐츠를 숱하게 접했어요. 그래서 이들과 커뮤니케이션하는 데 비용을 들이기보다는, 아직 핑크퐁 콘텐츠를 접하지 못한 곳을 공략하는 게 더 효율적이라고 봤어요. 물론 FGI*도 진행하면서 내린 결론인데, 장쑤성 창저우, 산둥성 옌타이, 저장성 항저우, 상하이에서 진행한 인터뷰를 보면 내륙에 가까울수록 핑크퐁과 같은 디지털 콘텐츠를 접할 기회가 적었어요. 그들에게 핑크퐁은 좀 신기하면서도 완성도 높은 콘텐츠로 평가되고 있었죠. 이 부분을 공략하고 있습니다.

대도시 사람들은 OTT를 이미 많이 접했고, 제품들도 본인이나 주변에서 사용하는 경우를 많이 접했어요. 하지만 소도시의 보호자들은 그렇지 않죠. 대신 교육열은 매우 높고요. 문화나 교육 면에서 상대적으로 소외된 도시 구성원, 특히 젊은 보호자들의 니즈를 찾아서 해결하는 것이 교육 사업에 있어 중국 법인의 미션이라고 생각해요.

중국식 자본주의와 중국식 규제에 적응하기

핑크퐁홈스쿨은 0~3세를 타깃으로 하는데, 그 시장은 지금 일본 계열 서비스가 중국 시장 점유율을 높게 차지하고 있어요. 유료 회원 수가 100만 명이 넘는데, 일본 본토보다 훨씬 규모가 큽니다. 중국에서 출시한 지 15년이 넘었

* Focus Group Interview. 표적 집단 면접 조사.

거든요. 정말 백지 상태에서 시장에 진입했고, 당시엔 중국 정부의 도움도 받았죠. 제가 중국에 왔던 2019년부터는 교육 분야에 대한 자본 투자도 활발해지고, 텐센트 같은 대형 기업들이 미국의 영어 프로그램 라이선스를 현지화하는 경우도 늘었어요. 2019년 중국의 영유아 대상 영어 교육 서비스는 그야말로 춘추전국 시대였어요.

그런데 2021년에 중국 정부에서 갑자기 사교육을 규제하기 시작했어요. 뉴스에 많이 나왔는데요, 그 과정에서 중국 전역의 교육 관련 비즈니스가 한꺼번에 멈춰 버렸어요. 저희는 그런 중국식 규제를 처음으로 지켜봤는데, 직접 경험했다는 점에서 많은 공부가 되었어요.

당시 정책은 초등학생부터 고등학생까지의 연령대 아이들이 학교 교과목에 대한 사교육을 받는 걸 주로 규제했어요. 특히 중국어, 영어, 수학이 핵심 대상이었는데, 덕분에 관련 학원들이 하루아침에 모두 문을 닫았어요. 그 여파는 초등학교 입학 전인 5~6살 정도의 미취학 자녀들을 위한 사교육 시장에도 큰 영향을 줬어요. 중국의 사교육 시장이 정말 촘촘하게 형성되어 있거든요. 다행스럽게도 저희는 교과목이 아니고, 타깃 연령대도 많이 어렸기 때문에 직접적인 규제 대상은 아니었어요.

저희 입장에서는 많은 경쟁사가 갑자기 없어진 상황이 된 거죠. 학원들이 문을 닫으니까 역으로 능력 있는 인재들을 채용할 수 있게 되었고요. 부모들이 대안적인 교육 앱서비스를 찾게 되면서 핑크퐁홈스쿨에는 유리한 상황이 되었죠. 오프라인으로 판매 채널도 확장하고, 콘텐츠 경쟁력을 강화하며 여러 가지 시도를 이어 가고 있습니다.

현상이 아닌 본질에 대한 접근

핑크퐁홈스쿨은 제품을 판매하고 끝나는 게 아니라 위챗 단체방을 만들어서 구매자, 그러니까 보호자들을 초대해요. 1년 구독을 하는 분들은 저희가 VIP로 분류해 꾸준히 관리하고 있어요. 매달 콘텐츠 이용 현황을 체크하고, 사용하는데 불편한 점이 있는지 밀착해서 조사하고요. 저희에겐 서비스 초기 고객들이라 거의 1대 1로 관리하면서 의견을 듣고 그걸 콘텐츠나 커리큘럼에 반영하고 있어요.

그러자 고객들의 태도가 많이 달라졌어요. 내가 요청하는 내용을 바로 반영해 주는 브랜드가 된 거죠. 그래서 지인에게 소개하거나 구독을 꾸준히 유지하는 등으로 관계가 이어지고 있어요. 중국에서는 자본력보다 제품과 콘텐츠로 승부할 수밖에 없어서 저흰 이걸 장기전으로 보고 있어요. 교육 브랜드의 특성이기도 한데요, 몇 번 써 보고 좋다고 평가하는 영역이 아니라서 인지도와 신뢰를 쌓아가는 시간이 필요해요.

중국의 보호자, 특히 엄마들은 27~32세 정도인데, 사교육 규제 정책은 사실 출산율이 너무 낮아서 나온 정책이라고 보는 게 일반적입니다. 젊은 부부가 다들 대도시로 와서 생활하는데 아이를 안 낳아요. 사교육비가 정말 너무 높거든요. 아이 낳는 걸 부담스러워하는 젊은 부부가 많아요. 중국은 인구가 많으니까 신생아 1천만 명을 인구 절벽으로 인식해요. 그런데 2021년에 1062만 명이었습니다. 몇 년 만에 수백만 명이 줄어든 거에요. 중국 정부로서는 출산율을 높이려고 특단의 조치를 취할 수밖에 없던 거죠.

사교육 규제를 밖에서 보면 이해할 수 없는 정책이에요. 말도 안 되죠. 그런데 현지의 관점으로 보면 이해가 되고, 본질도 알 수 있어요. 그래야 장기적인 전략과 방향을 잡을 수 있습니다. 사교육 규제의 본질은 출산율 저하를 막기 위한 것이라고 하면, 저희가 장기적으로 대응할 방법을 찾을 수 있는 거죠.

이 문제는 사실 단순하지 않아요. 예전에는 보호자의 학력이 낮거나 업무 환경이나 주변 환경 때문에 아이들 교육에 보호자가 직접 관여하지 못하는 대신, 비용만 감당할 수 있다면 학원에 보낼 수 있었어요. 교육에서 격차가 아주 크지는 않았죠. 하지만 이제는 돈이 있어도 보호자의 학력이 낮거나 교수 역량이 떨어지면 아이 교육을 어떻게 할 수 없는 상황이 된 거죠. 공교육이 그 모든 수요를 대체할 수는 없고요. 이 문제를 해결하려면 초등부터 대학까지의 교과 과정을 전반적으로 다 손봐야 해요. 문제 해결에 시간이 오래 걸리는데, 그 틈을 홈스쿨링이 채워 줄 수 있다고 봐요. 출산율이 낮아도 교육열은 낮아지지 않으니까요.

벌써부터 중국에서는 해외에서 유학하고 귀국한 인재들이 취업하는 대신 가정부로 들어가는 사례가 생기고 있어요. 사교육 규제에는 과외도 포함되니 가정부로 취업해서 몰래 과외를 하는 경우가 늘어 버렸죠. 이렇게 변질되는 상황을 보면서 우리는 어떻게 하면 조금 더 건강한 방식으로 홈스쿨링을 제안할 수 있을지 고민해요.

유치원을 다닐 나이에 영단어를 외우고 학습만 하는 모습은 사실 건강하지 않아요. 안타까운 일이죠. 그런데 핑크퐁이나 저희가 개발한 교구재들은 놀면서 배우고 배우면서 노는 것을 지향해요. 이런 부분들이 중국 시장에 잘 스며들면 좋겠다, 그렇게 할 수 있겠다라고 생각하고 있어요.

저희가 교육으로 비즈니스를 하고는 있지만, 그래도 이 '교육 비즈니스'의 본질은 교육이잖아요. 사업과 충돌할 때도 있지만, 그럼에도 철학을 지키려고 합니다. 특히 중국 정부의 규제 정책이 나온 이후 팀원들과 이런 얘기를 많이 나눴어요. 중국 정부의 방침이 맞다. 사교육 시장은 왜곡되어 있다. 그러면 우리는 무엇을 어떻게 할 수 있을까. 이런 것들을 팀원뿐 아니라 본사의 경영진과도 얘기하기 시작했어요. 중국 시장에 대해서는 자본적인 접근이 아니라 문화적인 접근이 필요한 것 같고요. 예측하기 어려운 상황일 수록 본질에 집중해야 하는 것 같습니다.

비즈니스와 조직문화의 현지화

중국 법인은 지금 50명 정도 있어요. 그중 한국 사람은 저와 한국에서 파견 온 콘텐츠 기획자, 사업 지원 매니저뿐입니다. 그 외에는 모두 현지인이고요. 그래서 인력으로만 보면 중국 회사에요. 처음부터 이렇게 구성했어요. 우리는 중국 회사가 되어야 한다는 생각으로 시작했으니까요. 사실상 중국의 스타트업인 셈이죠. 저도 중국 법인장이나 주재원이 아니라 중국에서 창업한다는 마음으로 왔어요.

앞서 얘기한 일본 계열 홈스쿨 서비스가 초기 중국에 진출했을 당시, 주재원들이 아파트 단지를 돌면서 집집마다 전단지를 나눠 줬다는 얘기는 업계의 전설처럼 돌아요. 그와 동시에 텔레마케터를 대거 채용해서 가입 문의에 대응했고요. 저는 그 서비스가 업계 1위가 된 데에는 이런 보이지 않는 노력이 있었다고 봐요.

직원들 입장에선 정말 하찮고 비효율적이면서 멋도 없는 일처럼 여겨질 거에요. 저희가 지금 위챗 단톡방을 만들어서 보호자들을 관리하는 것도 마찬가지죠. 멋있고 섹시한 마케팅과는 거리가 멀어요. 그러나 이게 정말 중요하다는 걸 저뿐 아니라 직원 모두 이해해요. 직원들도 엄마고, 자신의 고민과도 직접적으로 닿아 있으니까요.

더핑크퐁컴퍼니는 기혼자들이 일하기 좋은 직장이에요. '유학간다'는 표현을 사용할 정도로 출산휴가를 권장하고요. 그런데 중국은 아직 이런 제도나 문화가 자리잡지 못했어요. 그래서 면접 볼 때 지원자가 자기는 기혼인데 아이가 없고, 나중에 출산을 하게 되면 휴가나 복지가 어떻게 되는지 관심이 많아요. 이런 복지 제도를 꾸준히 보완하면서 신뢰를 쌓고 있죠. 출산이 자기 경력에 부정적인 영향을 주지 않을 거란 걸 인지하고는 더 열심히 일하는 게 느껴져요. 애초에 법인을 구성할 때부터 한국 본사의 긍정적인 조직 문화를 어떻게 현지에 그대로 적용할 수 있을지 고민을 많이 했어요.

중국 기업들, 알리바바나 텐센트 같은 기업의 업무 강도는 정말로 센데요, 처음에는 이런 분위기에서 우리만의 제도를 설명하는 것도 어려웠어요. 이제는 그런 관리 비용이 거의 사라졌다고 보고요. 최근 코로나9 때문에 재택근무를 하게 된 것도 중국 현지에서는 새로운 실험이었어요. 제가 없어도 팀원들이 제 역할을 잘 해내고 있죠.

로컬라이징

중국 법인을 운영하면서 인력 관리에서 가장 다른 점은 실무자들에게 1년 차, 3년 차, 5년 차 목표 같은 걸 정해 주려하지 않는다는 점 같아요. 구체적인 목표도 중요하지만 결국 방향이 맞다면 우리가 그 과정에서 답을 찾을 수 있을 거라고 이야기해요. 왜냐면 중국은 워낙에 변수가 많은 시장이라서 당장 다음 달에 무슨 일이 벌어질지 예측을 못하거든요. 여기에 규제와 정책이 끼어들면 순발력으로 대응해야 하죠.

중국 법인의 미션이라면, 중국의 많은 아이들이 핑크퐁 콘텐츠를 즐기면서 자라고, 나아가 조금 더 나은 인간으로 성장하는 데 있어요. 제가 처음 중국에 왔을 때 충격을 받았던 것들 중에 하나가 육아 방식이었어요. 한국에 비해 단호하달까요. 다소 엄하게 교육하는 모습을 많이 봤어요. 가령 공공장소에서 우는 아이들을 두고 가 버린다거나 과한 표현으로 매우 호되게 야단치는 경우도 많아요. 그래서 저희 제품에 아이들의 교육뿐 아니라 보호자를 위한 육아 가이드도 함께 제공해요. 단톡방에서도 이런 부분에 대해 많이 논의하고요. 저희가 지금 단계에서 해야 할 일은 규모가 큰 마케팅이 아니라 이렇게 작은 플랫폼을 만들어 실제 고객들과 직접 소통하는 쪽이 본질적으로 맞다고 생각해요.

이런 식으로 현지화하는 과정에서 파트너십이나 서비스 확장을 통해 새로운 기회도 모색하고 있고, 또 요즘엔

전 세계의 제품들이 대부분 중국에서 만들어지기 때문에 기획과 제작, 제조까지도 현지에서 관리할 수 있는 시스템도 구축했어요. 그런 구조로 화교가 많은 동남아 시장에도 진출할 수 있을 것 같고요.

지역적으로는 북부보다는 남부의 성이나 도시를 1차 타깃으로 생각하고 있습니다. 북부의 경우 아직은 디지털 기반의 교육 제품에 대한 거부감이 강해요. 또한 보수적인 성향이 강해서 핑크퐁의 분홍색을 남자 아이에게는 보여 주지 못하겠다는 반응도 높았어요. 그래서 북부 지역은 좀 더 뾰족한 로컬라이징이 필요하다고 생각했고요. 반면 중국 남부는 교육열이 높으면서도 새로운 문화와 제품에 호의적이에요. 너무 큰 시장이라 당장 진입하지 못해서 그렇지, 저희에게는 매력적인 도시와 잠재 고객이 많아요.

중소 도시들을 포함해서 중국은 전부 다 '지갑 없는 사회'가 되어 버렸어요. 그래서 모바일로 모든 경제 활동을 다 해요. 이런 환경에서 저희는 온라인 주력 판매 채널로 라이브 커머스*를 주시하고 있고, 길게는 하루 8시간씩 방송을 하기도 해요. 매일매일. 이런 경험이 모두 더핑크퐁컴퍼니의 자산이 될 거라고 봅니다.

---

* 채팅으로 소비자와 소통하면서 상품을 소개하는 스트리밍 방송. 라이브커머스의 가장 큰 특징은 '상호 소통'이다. 생방송이 진행되는 동안 이용자는 채팅을 통해 진행자 혹은 다른 구매자와 실시간으로 소통한다. 그 과정에서 상품에 대해 다양한 정보가 쌓여 비대면 온라인 쇼핑의 단점이 보완된다.

세계적으로 자국 문화와 제품을 선호하는 경향이 커질 거라고 생각해요. 중국은 특히나 더 그렇겠죠. 그래서 우리만의 강점을 살리면서 어떻게 브랜딩하고 콘텐츠나 서비스를 로컬라이징할지에 대해 고민이 많아요. 소비자도, 정부도 이 기업은 중국에서 뭔가 가치 있는 활동을 하고 있구나 하고 인식해야 시장에서 받아들여질 겁니다. 그렇지 않으면 이 회사는 중국에 돈만 벌려고 왔다는 인상을 줄테니까요. 그러면 비즈니스를 이어 갈 수 없어요.

핑크퐁은 한국 문화를 알리는 콘텐츠 IP가 아니에요. 오히려 이 친구는 한국어도 하고 영어도 하고 중국어도 하고 힌디어도 하는, 그런 동네 친구인 거죠. 마케팅할 때도 이런 부분에 더 초점을 맞춰요. 글로벌 비즈니스에서 캐릭터나 기업의 국적이 어디인지는 점점 중요해지지 않는 것 같습니다.

인터뷰
김민석 대표 / 창업자
이승규 부사장 / 공동 창업자

Chapter 6

더핑크퐁컴퍼니의
경영은
왜
달랐을까

앞 장에서 우리는, 더핑크퐁컴퍼니의 사업 방향을 팬덤 비즈니스로 정의한다면 '핑크퐁'이라는 캐릭터의 매니지먼트가 중요해진다고 이야기했다. 핑크퐁의 팬덤을 중심으로 사업을 확장해 나가는 것, 이러한 비즈니스 모델이 바로 IP 비즈니스다.

IP란 Intellectual Property, 즉 지적 재산권으로, IP를 기반으로 삼은 비즈니스는 무형의 가치에 부과된 재산권을 다양한 방식으로 행사해 수익을 얻는 것을 뜻한다. 그러려면 일단 IP의 영향력이 높아야 하고, IP로부터 파생되는 가치가 대체 불가능하거나 여러 영역으로 확장될 수 있어야 한다. 이전의 IP 비즈니스는 가수·배우 등 연예인이나 인지도 높은 영화·만화 등의 콘텐츠에 국한되었지만 디지털로의 전환이 일어난 2000년 이후에는 점점 그 영역이 넓어지고 있다. 이제는 거의 모든 영역에서 IP 비즈니스가 이루어진다. 특히 이 사업은 B2C뿐 아니라 B2B 영역에서 큰 효과를 발휘한다. 핑크퐁의 경우 국내외 아티스트뿐 아니라 현대자동차·LG전자·우리은행·CU편의점 등 국내 기업 및 브랜드와도 협업하면서 영향력을 확대하고 있다.

이쯤에서 다시 첫 장으로 돌아가 보자. 2022년, 스마트스터디는 더핑크퐁컴퍼니로 이름을 바꿨다. 스마트스터디는 교육 기업이었다. 더핑크퐁컴퍼니는 핑크퐁을 중심에 둔다. 이 차이는 뭘까? 교육을 버리는 것일까? 아무리 핑크퐁 캐릭터가 유명해지고 거기서 기대할 수 있는 수익이 높아진다고 해도 과연 회사 이름까지 바꿀 만큼 본질적인 부분이 달라졌을까? 우리는 이제 더핑크퐁컴퍼니가 과연 어떤 생각으로 이런 결정을 내렸는지에 대한 경영진의 목소리를 들어 볼 것이다.

더핑크퐁컴퍼니의 김민석 대표와 이승규 부사장은 게임 회사에서 처음 만난 인연으로 회사를 설립했다. 두 사람은 2000년대 초반 급성장하던 한국의 IT·게임 환경을 모두 경험했다. 이런 배경 아래 더핑크퐁컴퍼니는 앱 생태계와 유튜브 생태계에 매우 빨리 진입할 수 있었고, 2022년에는 『타임』이 선정한 100대 기업에 이름을 올렸다. 과연 경영자로서 이들은 어떤 기준으로 무엇을 지향했을까?

해리포터의 길과 피터팬의 길

이승규 부사장/공동 창업자

저희는 2~5세, 넓게는 0~7세 유아동이 핵심 타깃인데, 이 아이들은 금방 나이를 먹어요. 나이에 되게 민감해서 초등학교 2학년이 되면 "핑크퐁은 아기들이 보는 거야"라고 얘기해요. 그러면 우리는 초등학교 3학년 아이들이 좋아할 수 있는 콘텐츠를 만들어야죠.

그 콘텐츠에는 현실 친구들과의 관계, 내가 바라는 나의 꿈 등에 대한 얘기를 추가할 수도 있다고 봅니다. 유저 관점에서 콘텐츠는 크게 두 분류로 나눌 수 있는데요, 하나는 유저가 나이 먹을 때 함께 따라가는 콘텐츠고, 또 하나는 그때 모습 그대로 남아 있는 콘텐츠예요. 제 생각에 전자는 '해리포터'고 후자는 '피터팬'입니다. 이게 고민의 지점이에요. 핑크퐁은 피터팬이 될 것인가, 아니면 해리포터가 될 것인가. 둘은 완전히 다른 길이에요. 다만 생명력이 길면 어른들한테도 충분히 소비될 수 있다고 봐요. 캐릭터나 콘텐츠도 10년 이상은 지나야 힘이 생기는 것 같아요.

초등학교 3학년의 눈에 '아기들이나 보는 거'였던 콘텐츠가 20대 초반에 다시 볼 때는 달라지거든요. 그게 '레트로'고 향수죠. 그 시점까지 콘텐츠가 계속 생산되고 살아 있으면서도 반응을 일으키는 게 중요할 것 같습니다. 『토이스토리』처럼 시리즈를 넘어서 각 캐릭터의 이야기를 담아내는 '세계관'을 상상해 볼 수도 있는 거죠.

2010년, 더핑크퐁컴퍼니를 공동 창업하다

처음에는 콘텐츠를 스마트폰 기기에 맞춰 서비스하면 좋겠다는 아이디어로 시작했고 그걸 위해서 좋은 개발자를 많이 모았어요. 처음에는 외주 작업도 많이 받아 돈을 벌면서 연구개발을 했고요. 교육 앱이나 도서 앱도 많이 만들었죠. 그러다가 2011년 하반기에 첫 서비스를 출시했는데, 성적이 그리 좋지는 않았죠. 스마트폰이나 태블릿PC가 지금만큼 보급이 안 되어 있었다는 게 일차적인 이유였

어요. 스마트폰은 초등학생들이 다 쓸 만큼 보급이 안 됐고, 태블릿 판매량 역시 낮았죠. 하지만 이런 시장 논리 외에 더 중요한 게 있어요. 지금 평가하자면, 진지한 교육 콘텐츠에 저희 브랜드가 적합하지 않았던 것 같아요. 교육 서비스는 반드시 눈에 보이는 성과가 있어야 하고, 그걸 위해 전문가의 감수 같은 게 필요한데 그런 점이 저희와 완벽히 맞지 않았던 거죠.

여러 방향을 모색하다가 찾은 게 동요를 애니메이션으로 제작하는 방향이었어요. 아동용 뮤직비디오를 만들면 어떨까? 스마트폰을 스크린이 달린 컴퓨터로 정의하고, 거기에 맞는 콘텐츠를 기획한 거죠. 말하자면 저희는 스마트폰과 앱스토어라는 두 개의 레이어 위에 올라가 있는 회사였어요.

저희의 수익 모델은 게임과 거의 유사했어요. 처음엔 유료 앱과 무료 앱으로 나눠서 무료 앱을 보다가 유료 앱으로 점프하게 하는 구조였는데, 이탈자가 너무 많이 생겨서 다운로드는 무료, 콘텐츠는 부분 유료로 바꿨어요. 그걸 계기로 매출이 급속도로 올라갔죠. 프리미엄*의 힘이었죠. 여기까지는 게임과 같아요. 다만 게임 앱과 달리 핑크퐁 앱은 구매자와 실사용자가 달랐어요. 게임은 돈 내는 사람이 플레이어지만, 저희는 중간에 보호자라는 게이트키퍼가 존재했어요. 그래서 콘텐츠의 질이 매우 중요했습니다. 아이도 좋아하고 보호자도 좋아할 수 있는 콘텐츠여야 했죠. 너무 유치하지 않으면서도 공들여 잘 만들었다는 생각을 하게끔 만들었어요. 팔릴 수 있는 콘텐츠를 만들자는 생각으로 영상이나 음악, 잘 드러나지 않는 부분까지 신경을 많이 썼는데 그런 부분이 동력이 되었네요.

유튜브는 거의 모든 사람이 공짜라고 생각해서, 거기에 콘텐츠를 올리고 채널을 집중적으로 관리했던 게 도움이 된 것 같아요. 덕분에 전 세계 사람들이 장벽 없이 핑크

---

* 기본 서비스와 제품은 무료로 제공하고, 고급·특수 기능에는 요금을 부과하는 방식의 비즈니스 모델. 비디오 게임의 경우 프리투플레이(free to play)라고도 한다.

퐁을 접할 수 있었고요. 그렇지 않았다면 저희가 IP를 가진 회사로 변화할 수 없었을 겁니다.

콘텐츠·커머스·커뮤니티를 하나로 연결하는 핑크퐁의 IP 전략

저희는 협업을 많이 해요. 뻔하지 않은 순간에 우리 캐릭터가 노출되는 게 재미있다고 생각하거든요. 핑크퐁과 아기상어는 당연히 가족형 캐릭터지만, 뜻밖의 장소에서 뜻밖의 순간에 등장하는 재미를 주고 싶어요. 그래서 핑크퐁이 제페토에도 나오고 버거킹에도 나오는 거죠. 오프라인에서도 핑크퐁은 우리나라 주요 도시의 홍보대사이고, 공항 카트에서도 볼 수 있어요. 계속 보여야 대세라는 느낌을 잃지 않을 수 있어요. 그래야 산업 관계자나 파트너사도 만족하고요.

그걸 위해서 일단 새로운 캐릭터 IP를 개발하는 게 매우 중요해요. 루키를 키우는 시스템이 필요하고요. 아이들뿐 아니라 보호자에게도 어필할 수 있는 IP를 만들어야죠, 디즈니처럼요. 그리고 기술을 통해 소비자와 만나는 접점을 넓혀야 하죠. 저는 그게 바로 콘텐츠 기업의 역할이라고 생각해요. 또 모든 회사가 플랫폼 기업이 될 필요는 없지만 고객과의 접점을 만들고자 기술을 바탕으로 노력해야 한다는 생각을 가지고 있고요. 기술 자체가 콘텐츠의 질과 적중률을 높인다고 봐요.

넓은 의미의 에듀테인먼트 콘텐츠를 제작했던 게 더핑크퐁컴퍼니의 0.5기라고 할 수 있죠. 1기는 앱 생태계를 만들어서 거기서 직접 제작과 유통·판매를 경험했던 시기고요. 2기는 IPTV를 통해 콘텐츠를 유통했던 시기였어요. IPTV는 사실 앱 생태계와 거의 동일하거든요. 3기는 유튜브를 통해 크게 성장한 시기예요. 압도적인 노출량을 만들었는데, 유튜브는 공짜처럼 보이지만 광고가 붙으면서 수익화도 가능했죠. 돈을 받으면서 저희 콘텐츠를 알렸다는 점이 중요했어요. 그리고 이제는 콘텐츠와 커머스가 하나로 합쳐지고 있다는 느낌을 받아요. 게임도 그렇고, 음악도 그렇죠. 게다가 앞으로는 콘텐츠와 커머스에 커뮤니티까지 결합되어야 하는 시대라고 생각합니다.

더핑크퐁컴퍼니의 핵심 자산은 유형 자산과 무형 자산으로 나눌 수 있는데요, 유형 자산은 회사의 뛰어난 인재들이고, 무형 자산은 핑크퐁과 아기상어라는 IP예요. 이 두 개 축을 가지고 더핑크퐁컴퍼니는 재미있는 경험을 제공하는 회사가 되어야 한다고 생각해요. 단순한 재미가 아니라 재미 안에 교육적인 부분을 녹여 내는 게 중요하겠죠. 예를 들어 태양계의 수성·화성을 다룬 동요가 있어요. 노래도 신나고 캐릭터도 돌아다니고 별들이 번쩍번쩍하니까 일단 재미있죠. 하지만 기본적으로는 태양계의 구조와 순서를 알려 주는 콘텐츠예요. 이런 식으로 콘텐츠의 재미에 교육적인 내용과 메시지를 더해 전달하는 게 저희 목표예요. 재미의 단계를 거치면 흥미의 단계와 의미의 단계가 와요. 저희가 이런 프로세스를 제공하면 이 사회의 미래 세대를 위해 좋은 일을 하는 회사가 될 수 있다고 생각해요.

특히 지금은 환경 문제에 대해 심각하게 고민해야 하는 상황이잖아요. 저희의 핵심 자산은 아기상어인데, 상어는 바다에 살죠. 그래서 바다 환경과 아기상어를 연결하는 세계관을 어떻게 짤 수 있을까 고민 중이에요. 사실 모든 기업이 ESG를 말하고 있는데, 그게 거창한 게 아니라 바다 생물과 어떻게 공존하느냐의 문제이기도 하잖아요. 저희의 활동이 그런 의미 있는 일로 가면 좋겠어요. 이 분야의 대표자로 『네모바지 스폰지밥』이 있는데 함께 무언가를 해 볼 수도 있을 거고요. 다만 메인 스트림이 아니라 변방과 주변의 작은 것들부터 시작해야 한다고 봐요.

비즈니스 환경이 너무 빨리 바뀌고 있어요. 저희처럼 콘텐츠에 집중하는 회사, 특히 유아동 콘텐츠를 만드는 회사에서는 좀 더 자유로운 문화가 필요해요. 그러면서도 라이브러리 관리와 비즈니스에 관한 한 일이 정확하게 진행되어야 합니다. 앱 생태계·IPTV·유튜브에 대응한 것처럼 이제는 OTT에 대응해야 하고, 그러려면 조직은 기존의 생각과 언제든지 다르게 뻗어 나갈 수 있어야 해요.

더핑크퐁컴퍼니는 대기업에 비해 조직 개편이 잦은 편이에요. 환경 변화에 적절하게 대응하기 위해서이기도 하고, 실무자에서 리더로 성장하는 기간이 짧아야 한다고 봐서이기도 해요. 그걸 위해 직원 스스로 자율적으로 결정할 수 있는 범위도 조정되고요. 담당자들이 의사결정을 하면서 실수도 하고 실패할 수도 있겠지만, 그걸 통해 좋은 리더로 성장하는 게 중요하다고 보는 편입니다. 외부에서 리더를 영입하는 것보다 내부에서 신입이나 경력으로 시작한 인력이 성장하는 게 콘텐츠 회사에는 더 적합한 방식이라고 생각해요.

채용에 대해선 몇 개의 기준이 있는데요. 첫째는 기존의 저희 문화와 얼마나 잘 맞는지가 중요해요. 기존 직원들과 매끄럽게 소통하고 협업할 수 있어야 하죠. 두 번째는 자신의 생각을 말이나 글로 잘 전달하는 사람을 선택합니다. 그게 결국 일이거든요. 내 생각뿐 아니라 다른 사람의 생각과 의견을 잘 수용하는 능력이 중요해요. 마지막은 당연히 전문성이고요.

단지 일에 관한 전문성 외에, 취미가 있는 사람을 선호합니다. 내가 뭘 좋아하는지 잘 아는 사람은 뭘 좋아하든 일을 잘한다고 생각해요. 흔히 말하는 '덕질'일 수도 있죠. 생산적인 덕질이면 더할 나위 없고요. 뭔가를 좋아하고, 거기서 그와 관련된 걸 직접 만들어 보고, 그걸 통해 사람도 만나고, 100원이든 1만 원이든 판매도 해 보는 과정을 겪었는지가 진짜 중요한 것 같아요.

더핑크퐁컴퍼니가 있는 시장은 복잡하고 어려워요. 구매자와 사용자가 다른 데다가 구매자가 강력한 게이트키퍼잖아요. 양쪽의 모두의 취향과 안목에 부합하면서도 신뢰를 얻어야 하니까 매우 어렵죠. 이 어려운 시장에서 '스마트'하게 대응하고 잘 배우는 사람들이 필요해요. 계속 성장해야 하니까요.

「핑크퐁 아기상어」가 2015~2016년 무렵에 히트했죠. 그때 이 콘텐츠를 보던 유아동이나 초등학생이 지금은 고학년이나 중학생이 되었어요. 이들은 이제 「핑크퐁 아기상어」에는 전혀 관심이 없어요. 하지만 저는 이들 세대가 20대 후반이나 30대 초반이 될 때 「핑크퐁 아기상어」의 제2의 전성기가 오리라고 생각해요.

그래서 지금은 계속 쌓아 두는 시기라고 봅니다. 10대 초반에 좋아했던 IP를 저희가 직접 만들거나 외부에서 가져오는 방식으로 전략을 구상하고 있어요. 이걸 팬덤 비즈니스라고 부를 수도 있겠죠. 단계를 나눠서 볼까요? 1단계는 애착attachment이에요. 나도 모르게 눈길이 가고 지켜보게 되는, 처음부터 갑자기 홀리는 느낌. 그다음은 몰입Engagement이에요. 여기서 관계를 어떻게 구축해 나가느냐에 따라 그다음 단계의 수준이 달라질 거예요. 마지막으로는 성장growth이에요. IP가 성장하는 과정을 경험하면서 나 역시 성장한다는 경험을 줄 수 있어야 해요.

저희가 다양한 영역에서 협업을 하는 이유도 저희 캐릭터를 뜻밖의 상황이나 영역에 노출하면서 몰입도를 높이고 싶은 바람이고요. 이런 과정을 통해 사용자가 캐릭터

및 IP와 동일시되는 단계를 꿈꾸는 거죠.

더핑크퐁컴퍼니의 다음 스테이지

더핑크퐁컴퍼니는 타 지역에 비해 북미와 한국 시장의 매출이 좀 높은 편이에요. 사업적으로는 이 부분을 개선해야겠다는 생각이 있어요. 그래서 동남아시아의 매출을 높이는 방법을 고민 중입니다. 유튜브 조회수는 미국 다음으로 인도네시아, 필리핀이 차지하는 비중이 높거든요. 하지만 매출은 아직 적어요. 콘텐츠의 소비는 전 세계적으로 이루어졌지만 수익 구조는 아직 편중되어 있는 거죠.

콘텐츠면에서는, 이제 새로운 IP 개발을 준비하고 있어요. 저희가 가진 새싹을 조금 더 키워 내는 작업들을 시작할 거고요. 아기상어는 시즌2를 통해서 롱런할 수 있는 발판으로 삼을 거예요. 핑크퐁은 대표 캐릭터로서의 매력을 더 강화할 생각인데, 이 친구는 아기상어와 달리 다리가 달린 육상 동물이에요. 그 점에 집중해서 육상동물이 줄 수 있는 매력을 더 찾아보려고 해요.

이런 IP는 디지털 콘텐츠뿐 아니라 극장용 영화나 OTT 시리즈 등으로 계속 진화해 가고 있고 이제 메타버스·VR 같은 영역에 이식되어야겠죠. 앞으로는 이런 분야가 뉴미디어로 불릴 거예요. 우리는 이런 미디어 변화에 잘 대응해 온 경험을 지닌 조직이고, 이 경험과 역량을 가장 중요하게 생각해요.

개발자로 커리어를 시작하다

김민석 대표/창업자

저는 원래 개발자였어요. 어렸을 적 꿈이 개발자이기도 했고, 고등학교 때 정보올림피아드에서 입상해서 정보 특기자로 대학을 다니기도 했죠. 졸업 후에는 넥슨에 게임 프로그래머로 입사해 사회생활을 시작했고 그 후에는 마케팅·퍼블리싱 등의 업무도 경험했어요. NHN에서는 서비스 기획자로 근무했고요. 평소 관심 있던 IT기술에, 그간 경력을 쌓아 온 게임 분야, 그리고 당시 아버지 일로 도와드렸던 교육 콘텐츠 사업을 합치면 새로운 가치를 만들 수 있을 거라 생각했습니다. 그때 애플의 아이폰이 국내에 처음으로 출시됐고, 저는 여기에 기회가 있다고 생각해 창업했어요. 콘텐츠의 소비와 결제가 아이폰이라는 동일한 기기에서 일어나는, 그야말로 패러다임 전환이 일어난 걸 목격했죠.

옛날에는 교육 콘텐츠를 책이나 CD, DVD에 담아서 판매하는 것밖에 방법이 없었죠. 이제는 앱 서비스를 통해 콘텐츠를 어떻게 제공할 건지, 어떻게 글로벌 시장에 서비스하고 운영할 건지, 신규 회원 가입률NRU과 일일 사용자 수DAU, 월간 사용자 수MAU, 리텐션(고객 유지력)은 어떻게 높일 건지 등 새로운 전략적 고민을 해야 합니다. 저희는 '콘텐츠'를 이해하고 있었고, 모바일 서비스를 개발하고 운영하고 확장할 수 있는 '기술' 노하우도 있었어요. 하나의 영역에만 특화된 회사에 비해 두 영역 모두에 강점이 있었기 때문에 제품을 제대로 만들 수 있었고 빠르게 성장할 수 있었죠. 개인적으로는 이전에 선배들이 인터넷·웹·온라인 기술을 기반으로 창업하고 성공했던 것처럼, 저는 모바일 시대에 새로운 기회를 잡아 이전에 없던 시장을 열 수 있을 거라고 믿었어요. 재직 당시 온라인 서비스 시장에서 매우 빠른 성장을 경험한 게 특히 큰 자산이 되었고요.

재미와 교육적 가치를 함께 선보일 길을 찾다

대한민국 방문 학습지 시장은 약 2조 원 규모. 새로운 방식의 서비스와 콘텐츠로 해당 시장의 10퍼센트만 점유해도 2천억 원이다. 우리가 도전할 수 있는 시장 규모는 결코 작지 않다. 게다가 우리가 하려는 비즈니스 모델이 단지 모바일 학습지 서비스만은 아니다. 지금은 알 수 없지만, 새로운 형태의 교육 콘텐츠와 서비스를 만들 환경과 기회가 왔다. 시작 타이밍을 기다리고 있을 뿐. 스마트한 교육, 스마트한 콘텐츠와 서비스를 만들어 보자.(김민석 대표의 창업 노트에서)

창업 초기에 제가 메모한대로 더핑크퐁컴퍼니는 유아동 교육에 초점을 맞췄던 게 맞습니다. 과거에는 교육과 엔터테인먼트 사이에 게임화 요소들이 들어간 '에듀테인먼트' 트렌드가 있었는데요, 사업을 하다 보니 에듀테인먼트가 참 어렵더라고요. 단순히 재밌는 걸 만드는 게 아니라, 진지한 목적을 갖고 어떠한 결과를 보증할 수 있어야 '교육'이 된다는 걸 배웠어요. 그렇다고 수능 콘텐츠는 우리 길이 아닌 것 같고, '재미와 교육적 가치를 함께 선보일 수 있는 길'이 뭘까 고민하다 보니 2~5세로 타깃 연령대가 자연스럽게 낮아졌어요. 놀이와 교육을 구분하지 않고, 노래와 율동으로 표현하기 시작한 것이 핑크퐁의 출발점이었던 거죠.

그렇게 핑크퐁이라는 브랜드 아래 수천 개의 키즈 콘텐츠를 만들기 시작했습니다. 아기상어도 마찬가지였어요. '아기상어를 만들자'는 목표가 있었던 게 아니라 인체·자연·동물 등 다양한 주제로 동요 시리즈를 만드는 과정에서 등장한 일부였어요. 인도네시아를 시작으로 전 세계에 '베이비샤크 챌린지' 열풍이 일어나면서 핑크퐁은 하나의 장르, 하나의 브랜드, 하나의 대명사로 자리매김했어요. "동요 틀어 줘"가 아니라 "핑크퐁 틀어 줘"라고 말하는 것이 자연스러운 현상이 됐습니다.

IP 비즈니스의 핵심은 무엇일까

세상이 복잡할수록, 오히려 명확한 정체성이 빛을 발한다고 생각합니다. IP 비즈니스도 마찬가지입니다. 특성이나 개성이 뚜렷해야 사업화로 이어질 수 있어요. 핑크퐁 IP의 경우 선명한 색감에 귀에 맴도는 멜로디, 따라 하기 쉬운 가사와 율동이 특징이죠. 이런 요소가 유튜브에 올리는 동요·동화 콘텐츠·장편 애니메이션·음원·공연·모바일 앱·라이선스 제품 등에 일관적으로 적용돼요. 심지어 브랜디드 콘텐츠에도 적용됩니다.

더핑크퐁컴퍼니는 공공·식음료·가전·자동차·금

융·여가까지 다양한 분야의 국내외 기업 및 기관 500여 개사와 1천여 건 이상의 라이선스 계약을 체결했습니다. 컬래버레이션 영상을 제작할 때는 단순히 핑크퐁 캐릭터를 등장시키는 게 아니라 스토리텔링을 통해 공감할 수 있는 메시지를 찾고 그걸 '핑크퐁다운' 음악과 애니메이션에 담아 냅니다. 결국 이러한 '핑크퐁다움'이 포인트가 아닐까 싶어요.

일관된 브랜딩도 중요합니다. 채널과 플랫폼에 맞춰 장르적인 변화를 주거나(국악·EDM·트로트·캐럴 등), 제품에도 변화를 줘서(햄버거 등 제품·금융 상품·공항 카트 래핑 등의 브랜드 협력) 익숙한 곳에서 새로움을 느끼게 하는 거죠. 이렇게 사람들이 일상에서 핑크퐁을 만날 때, '핑크퐁이구나' 느끼게끔 만들어야 해요. 핑크퐁 브랜드 자체가 특정 카테고리를 대표하는 고유명사가 될 수 있도록 마젠타, 흔히 핫핑크라고 부르는 특정 컬러를 선점하고 '핑크퐁!' 오프닝 로고를 더해 시청각적으로 아이들에게 어필했어요. 8초 분량의 오프닝 로고에는 '핑크퐁!'이라는 경쾌한 사운드와 함께 핑크퐁이 풍성한 꼬리를 흔들며 뛰어다니는 모습이 담겨요. 이 오프닝 로고는 모든 핑크퐁 콘텐츠 시작 부분에 항상 들어갑니다. 6천 편 이상의 영상뿐 아니라 170개의 앱 시리즈, 음원, 제품에도 노출됩니다. 유튜브 전체 누적 조회수가 700억 건이면, 오프닝 로고도 700억 번 노출된 거죠. 요즘은 아무리 인기가 많아도 콘텐츠의 리텐션, 즉 유지력이 점점 짧아지는 추세인데요, 우리가 만드는 다양한 콘텐츠를 모두 '핑크퐁' 콘텐츠라고 인지시키는 브랜딩에 특히 힘쓰고 있습니다.

더핑크퐁컴퍼니의 본질은 무엇일까

기업이 나아갈 방향성과 잠재력을 담기엔 '스마트스터디'라는 이름이 부족하다는 고민을 꽤 오랫동안 했습니다. 창업 초기에는 유아동 교육 콘텐츠에 초점을 맞췄다면, 이제는 온 가족이 즐길 수 있는 문화를 만들고, 패밀리 엔터테인먼트 영역을 개척해 보자는 새로운 비전을 세웠으니까요. 전 세계 누구나, 다양한 연령대의 소비자가 아는 핑크퐁을 엄브렐러 브랜드umbrella brand*로 삼아, 차세대 IP와 다양한 포맷의 콘텐츠를 여러 부문에 제공할 수 있는 회사가 되면 좋겠다는 생각에 기업 이름을 '더핑크퐁컴퍼니'로 바꿨습니다. 핑크퐁의 음원 발매·콘서트·라이선스 사업 등은 매니지먼트 사업과 유사하지요. 새로운 IP를 계속 선보이고 콘텐츠를 계속 만들어 내는 게 저희 목표입니다.

★ 핵심 브랜드를 중심으로 하위 브랜드를 성장시키는 마케팅 전략. 또는 그 핵심 브랜드.

가장 어려운 질문이 "경쟁사가 어디냐"라는 질문인데요. (웃음) 어느 OTT 기업 대표가 메타버스 게임 업체를 경쟁자로 꼽듯, 이제는 정말 '전선'을 나누기 애매한 상황인 것 같아요. 소비자의 한정된 시간과 관심을 가져갈 수 있는 곳이라면 어디와도 힘을 합치거나 경쟁해야 한다고 봅니다. 이런 복잡한 상황일수록 회사가 어떤 철학을 가지고 어떤 가치를 만들어 가는가, 어떤 방향으로 나아가는가에 대해 차별화된 답을 내는 게 중요하다고 느낍니다.

핑크퐁의 팬덤은 누구이고, 그들을 측정하는 지표는 무엇일까?

팬덤 지표는 그야말로 수치화할 수 있는, 모든 정량적인 데이터인 듯해요. 사업 영역이나 채널별로 다양할 수밖에 없습니다. 앱은 월간 사용자 수, 영상은 구독자 수나 평균 시청 지속 시간을 봐야 하고, 상품 시장에서는 제품 판매량 등을 봐야 합니다. 그런데 콘텐츠 업계에서는 수치화되기 어려운, 정성적인 지표도 정말 중요한 것 같아요.

콘텐츠 업계는 논리적으로는 접근하기 어려운 분야 같습니다. 드라마의 감동, 소설의 재미를 어떻게 수치화할 수 있겠어요. 캐릭터의 행동이나 줄거리의 몰입도를 고민하는 일의 바탕에는 인간에 대한 이해가 있어야 하거든요. 핑크퐁의 뮤지컬을 신나게 뛰놀면서 즐기는 아이의 표정이나, 아기상어를 좋아하는 마음을 꾹꾹 눌러 담아 삐뚤삐뚤한 손글씨로 적어서 보낸 팬레터들. 정량화하긴 어렵지만, 결국 이런 정성적인 지표들이 어떤 마음으로 비즈니스를 계속 이어 나갈지 고민하게끔 하는 원동력이 돼요.

현재 핑크퐁의 코어 팬은 전 세계의 2~5세, 넓게는 0~7세 유아동입니다. 이런 특성을 고려할 때, "핑크퐁의 팬덤은 계속 자라고 있다"라고 표현하고 싶어요. 팬덤의 연령도, 크기도 그렇습니다. 예를 들면 『베이비샤크 빅쇼』는 니켈로디언 방영 애니메이션 가운데 공동 시청 비율 1위를 기록했습니다. 2~5세 유아동 시청자와 18~49세 시청자가 함께 시청하는 비율이 40퍼센트를 차지했는데요, 이건 어린 아이뿐 아니라 형제자매, 보호자와 함께 보는 경우가 많다는 의미죠. 콘텐츠를 함께 소비한다는 점이 팬덤의 인구통계적 범위가 더 넓어질 가능성을 보여 준다고 생각해요.

같은 맥락에서 아이들이 자연스럽게 나이 들어 감에 따라, 1020세대를 위한 넥스트 IP로 '문샤크'를 개발하고 웹툰을 출시했습니다. 이외에도 다양한 신규 IP 라인업을 준비하고 있어요. 콘텐츠로 전하는 메시지도 고민하고 있고요. 결국 사람의 마음을 움직이려면 공감대가 중요한데, 일상적인 감정뿐 아니라 다양성이나 환경에 대한 관심처럼 더 나은 삶을 만들어 가기 위해 함께 고려해야 할 이슈를 곳곳에 담아 내려 노력하고 있습니다.

그래서 핑크퐁을 졸업한 친구들이 볼 수 있는 콘텐츠를 선보여야 한다고 생각해요. '제2의 아기상어'로 또 다른 1등을 꿈꾸기보다는 IP와 콘텐츠 라인업을 확장하는 데 집중하려고 합니다. 5인 가족의 이야기를 다룬 3D 애니메이션 『베베핀』은 유튜브에 첫 출시된 지 1년도 채 안돼서, OTT·IPTV에 배급되고, 전 세계 9개국 넷플릭스에서 10위권을 석권했어요. 이 외에도 '레드렉스' 같은 공룡 캐릭터를 개발하고, 자동차 애니메이션인 '카 히어로즈'를 제작 중입니다. '아기상어' 이전에 '핑크퐁'이 있었듯, 지금까지 쌓아 온 데이터와 노하우를 바탕으로 마케팅과 홍보 단계부터 힘을 써서 성공적인 콘텐츠·IP 포트폴리오를 쌓아 가자는 마음으로 프로젝트를 준비하고 있습니다.

콘텐츠 비즈니스 업계에 대한 인사이트

콘텐츠를 만드는 일은 본질적으로 '흥행업'에 속합니다. 즐거움과 감동을 수치로 계량화하기 어렵기 때문에 '운'도 크게 작용하죠. 중요한 것은 운을 만날 기회를 늘리는 것이라고 생각해요.

어떻게 보면 '빠르게 실패하기'Fail fast가 가장 중요하면서도 가장 어려운 과제인 것 같습니다. 세 명으로 창업했을 당시에는 조직 규모가 작아서 빠르게 움직이고 테스트하면서 성장할 수 있었다면, 조직 규모가 커지면서 위험을 감수하기가 점점 어려워진다는 걸 체감했습니다. 그럼에도 작은 조직의 장점을 운용할 수 있도록 기업 인수·합병, 투자 등 경영 전략을 다양하게 펼치고 있습니다. 스마트스터디벤처스*를 설립한 배경도 그것입니다.

크게 보면 저희와 같이 일할 수 있거나 함께 하고 싶은 분야의 유망 기업에 투자하는 일, 더 나아가 그런 회사를

---

* '스마트스터디벤처스'(대표 이현송)는 더핑크퐁컴퍼니의 벤처캐피탈 자회사로, 2019년 9월 설립됐다. 콘텐츠(영화·애니메이션·공연·드라마·게임·음원 등), 교육, 키즈 분야를 중심으로 유망 스타트업을 발굴하고 '핑크퐁'과 '핑크퐁 아기상어' IP로 세계적 신드롬을 일으킨 모회사의 성공 전략을 공유함으로써 포트폴리오를 키워 나갈 수 있도록 적극 지원한다.
2021년 4월 서울산업진흥원 문화콘텐츠 분야 운용사, 한국벤처투자 모태펀드 모험 콘텐츠 분야 운용사로 선정됐다. 당해 7월 설립 이후 첫 벤처 조합인 '베이비샤크 넥스트 유니콘 IP펀드'를 450억 원 규모로 조성하면서 콘텐츠 벤처투자업계의 선순환 구조를 만드는 데 기여하고 있다. 주요 포트폴리오에는 레드독컬처하우스, 키키히어로즈, 째깍악어, 라이드플럭스 등이 있다.

처음부터 같이 만드는 일에 집중하고 있어요. 레드독컬처하우스에 100억 원대 투자를 해서 다음 작품 라인업을 준비하는 것도 대표적인 사례로 소개하고 싶네요. 미국·중국·홍콩·싱가포르 법인을 세워 각 지역에 맞춘 로컬라이징 전략을 펼치는 것도 같은 맥락입니다.

더핑크퐁컴퍼니는 콘텐츠와 기술로 확장한다

더핑크퐁컴퍼니가 이렇게 성장할 수 있었던 것은 콘텐츠와 기술 플랫폼의 결합 덕분입니다. 유튜브에 처음 콘텐츠를 배급할 때는 고민이 많았지만, 결단을 내렸어요. 당시는 스마트폰·태블릿PC 등의 모바일 기기를 통해 앱 매출이 많이 났고, 영업이익도 꾸준히 높았던 시기니까요. 본격적으로 유튜브에 집중하기까지 2년 정도 고민했던 것 같아요. 처음 1~2년은 앱에 영상 100개를 올리면 유튜브에는 10개를 올리는 식으로 테스트한다는 느낌으로 접근했어요. 매출 때문이 아니라 '우리가 안 올리면 어차피 다른 사람들이 올릴 텐데, 그러느니 그냥 우리가 올리자' 하고 시작한 게 커요. 우리 콘텐츠가 저화질로, 불법으로 올라오는 것을 손 놓고 보기보다 차라리 공식 콘텐츠로서 어느 정도 품질을 유지하는 편이 낫다고 봤어요. 절묘한 타이밍으로, 그즈음에 유튜브가 수익성 좋은 플랫폼으로 급성장하면서 '전 세계 유튜브 조회수 1위 영상'이라는 아무도 예상 못했던 성과로 이어졌습니다.

더핑크퐁컴퍼니는 유튜브 외에도 OTT·IPTV·FAST*·VOD 등 다양한 채널로 콘텐츠를 선보이고 있어요. 음원의 경우 AI 스피커가 등장했을 당시 일찍이 배급했고요. 콘텐츠를 선보일 수 있는 기술 플랫폼이라면 어디든지 빠르게 시도하고, 시장을 확장해 나가고 있습니다. 원천 콘텐츠가 가진 IP 파워가 있으니 최대한 많은 채널을 통해 전 세계 시청자를 만나고자 하는 욕심이 있어요. 콘텐츠와 기술, 어느 한 가지에만 집중하지 않았던 점이 지난 10년간 더핑크퐁컴퍼니가 성장할 수 있던 이유라고 생각합니다.

2013년이 스마트스터디가 크게 성장하고 업계의 주목을 받게 될 한 해가 되길 바랍니다. 분명 그렇게 되겠죠.(김민석 대표의 창업 노트에서)

3명짜리 회사에서 300명 규모의 회사가 됐습니다. 아직도 갈 길은 멀지만, 인터뷰를 준비하면서 지금으로부

* Free Ad-supported Streaming TV. 광고 기반 무료 스트리밍 TV.

터 딱 10년 전, 2012년 일기를 살펴보니 암담한 이야기밖에 없더군요. (웃음) 6개월치 현금 보유량만 남아 있고, 그나마 있던 모바일 애플리케이션 UV는 반토막 나서 결국 서비스 중단하고……. 험난한 경험은 다 해 본 것 같아요. 그럼에도 당시 순이익 목표가 10억 원이었습니다. 많은 시련이 있었지만 그때마다 한숨 돌리면서 희망을 키우고, 결국 여기까지 온 거예요.

전 세계 유튜브 조회수 1위를 뛰어넘은 '100억 뷰'라는 성과, 북미 유아동 TV 프로그램 시청률 1위, 미국과 영국음반산업협회 최고 등급인 다이아몬드 인증. 처음 사업을 시작할 때는 상상하지도 못했던 '최고, 최초, 최다'의 기록을 구성원들과 함께 써 나가고, 그 기록이 또 다른 저희의 기록으로 경신되는 걸 보면서 일에 대한 자부심과 무게를 느낍니다. 핑크퐁 테마파크와 아기상어 크루즈가 나오는 그날까지, 핑크퐁과 아기상어를 사랑해 주시는 분들과 그 자녀들이 나이가 들었을 때도 오랜 친구로 남아 색다른 도전들을 펼쳐 나갈 겁니다.

Chapter 7

마음의
비즈니스

나는 꽤 오랜 시간 음악 업계를 지켜봤다. 그렇다고 음악 관계자는 아니었다. 작곡이나 작사, 프로듀싱을 하면서 음악을 만들지도 않았고 아티스트의 창작에 대해 조언을 하는 쪽도 아니었다. 그저 음악을 듣고 음악과 음악 업계에 대해 쓰는 일을 했다. 그러다 보니 스스로의 정체성에 대해 괴로운 고민도 많이 했지만 동시에 그렇게 했기 때문에 가능했던 일도 있었다. 그중 하나가 팬덤을 이해하는 일이었다.

이렇게 말하면 좀 이상하게 들릴지 모르지만, 나는 음악 팬은 아니었다. 음악을 좋아하지만 어떤 음악가나 장르의 팬이라고 할 만큼 음악에 몰입하진 않았다. 다만 만화와 애니메이션의 팬이라고는 할 수 있을 것 같다. 텔레비전에서 나오는 일본 애니메이션과 디즈니 애니메이션을 넋 놓고 봤던 대여섯 살 무렵 이후로, 나는 지금도 극장판이나 TV 애니메이션을 챙겨 보고, 피규어와 프라모델을 사 모으는 어른이 되었다. 50대가 코앞이어도 어쩔 수 없다. 마음이 먼저 움직이기 때문이다.

'키덜트'라는 말이 등장하기 전까지는 이런 취향을 밖으로 꺼내기가 어려웠다. 특히 미디어에서는 애니메이션을 좋아하는 20~30대 이상의 성인 남성을 '오타쿠' 'ㅇ덕후' 등으로 묘사했다. 그때 실감했다. 아이돌 팬덤을 다루는 미디어를 보던 '소녀'들의 마음이 어땠을지를. 그 후로 나는 '덕후 마음은 덕후가 안다'는 말을 가장 좋아하게 되었다.

팬덤의 본질

지금은 그 어느 때보다 팬덤에 대한 관심도가 높아진 시대다. 여기저기서 팬덤에 대한 이야기를 듣곤 한다. 그때마다 하는 얘기가 있다. 팬덤은 기본적으로 커뮤니티다. 특정한 관심사를 기반으로 교감하는 사람들의 집단이라는 얘기다. 하지만 미디어나 비즈니스 영역에서 팬덤은 무척 특별하거나 특이한 집단으로 이해된다. 나는 바로 이 점이 팬덤에 대한 오해를 재생산하는 근거라고 봤다. 거듭 강조하건대, 팬덤의 본질은 '모임'이고, 그 속성은 '공동체'다. 이때 중요하게 보아야 하는 것은 바로 '공동체'라는 부분이다.

단지 관심사만 공유한다고 공동체가 되지는 않는다. 공동체에는 특정한 정서, 바로 유대감이 흐른다. 이 유대감이야말로 공동체 안과 밖을 구분하는 기준이다. 구성원들 입장에서는 남들은 모르고 우리만 아는 '느낌적인 느낌'이 있는 것이다. 이 느낌은 때론 체념이기도 하고, 때론 분노이기도 하고 때론 애정이기도 하다. 그 정체가 무엇이든, 이 모든 감각이 결과적으로 구성원들에게 위로와 안식을 준다는 것은 분명하다.

사전적 의미에서 공동체주의는 자유주의를 보완한다. 자유주의가 개인의 가치를 절대적인 선으로 여긴다면, 공동체주의는 자기 정체성을 공동체를 기반으로 정의하고 이해하고자 한다. 건강한 공동체란 이러한 정신을 지키는 집단이다. 구성원들이 특정 개인(이를테면 리더)을 신화화하지 않고, 자신의 세계에서 벌어지는 현상을 특정 그룹이나 개인의 이해관계가 아니라 물적 토대를 기반으로 벌어진 현상으로 이해하려고 애쓰는 것이다. 다시 말해 공동체주의를 지킨다는 것은 윤리와 배려를 기반으로 관계를 맺고 확장해 나가는 과정이다.

다시, 커뮤니티란 무엇인가

팬덤이 곧 커뮤니티라면, 이 커뮤니티는 관심이나 취향을 기반으로 하되 그 안에서 공동의 이익 혹은 공동체의 지속가능성을 추구하는 것을 목표로 삼는다. 이것을 공동체의 미션이라고 부를 수 있을 것이다. 이 미션을 지속하는 것이 커뮤니티를 유지하고 확장하는 데서 가장 중요하다. 사람들이 어떤 이유로 모였든 상관없이 커뮤니티를 운영하는 데에는 '함께 성장한다'는 목표가 필요하다. 그를 통해 구성원들은 결속하고 교감하게 된다. 팬덤도 마찬가지다. 팬덤은 좋아하는 대상을 기반으로 모였지만, 그 모임의 핵심은 '관계를 통한 성장'에 있다. 그리고 팬덤의 대상, 그게 아티스트든 브랜드든 캐릭터든, 그것을 운영하는 주체는 팬 커뮤니티에 계속해서 동기를 부여해야 한다. 그의 역할은 사실상 그게 전부다.

그러므로 '팬의 관계'는 두 개의 방향을 가진다. 하나는 대상을 향하고, 또 하나는 다른 구성원을 향한다. 팬은 자신이 좋아하는 대상과 정서적 관계를 맺고, 동시에 다른 팬들과도 관계를 맺으며 성장한다. 따라서 커뮤니티 기획자에게 주어진 도전 과제는 바로 '이 성장의 모멘텀을 어떻게 만드느냐'이다.

현재 전 세계에서 가장 열성적이고 건강하게 여겨지는 팬덤은 BTS와 아미다. 아미가 '되는' 사람들은 처음에는 BTS의 음악이나 뮤직비디오, 혹은 가사의 메시지 같은 것에 매료된다. 아미가 되는 과정도 특정 커뮤니티에 가입하는 방식이 아니라 자기 스스로 선언하는 것이다. SNS에 '해시태그'를 붙이거나 '덕질'을 기록하는 식으로 이뤄진다. 이 과정을 팬 스스로 주체적인 행동이라고 여기게 되고, 이러한 동질감이 흩어진 팬들을 하나로 결속시킨다.

그 과정에서 한 명의 '아미'는 점점 질적인 변화를 경험한다. BTS 멤버들이 말하는 방식, 타인에 대한 태도, 가치관, 직업윤리 같은 것이 그 계기가 된다. BTS의 팬은 '나도 아미다'라는 선언으로 공동체에 진입한다. '선언'이 중요한 이유는 그것이 자신의 정체성을 정확히 인식할 때 가능한 행위이기 때문이다. 팬으로서의 정체성은 하나의 인간이자 사회 구성원으로서의 정체성과 공존한다.

그렇다면 핑크퐁의 팬도 BTS의 팬처럼 정의할 수 있을까? 아직은 어려울 것이다. 유아동과 보호자를 대상으로 한다는 특수성 때문이기도 하지만, 애초에 아미와 같은 팬덤을 얻는 것은 매우 이례적인 일이기 때문이다. 다만 더핑크퐁컴퍼니는 창업 이래 다양한 도전과 문제 해결의 경험을 통해 자기만의 노하우를 고도화하고 있는 것만은 분명하다.

관건은 기업과 브랜드에 신뢰를 가진 소비자 그룹을 어떻게 지속가능한 공동체로 전환하느냐다. 그걸 위해서는 커뮤니티 기획에 좀 더 집중할 필요가 있을 것이다.

공간에서 장소로, '마음이 머무는 곳'으로서의 커뮤니티

우리는 커뮤니티나 공동체를 특정한 공간이나 장소로 이해하곤 한다. 현실 세계에서 커뮤니티는 물리적 공간(테이블과 의자가 있는 거실이냐 사무실 등)으로 개념화되고, 가상 세계에서도 회원가입과 로그인을 통해 개념화된다. 커뮤니티는 울타리를 전제로 한다.

하지만 SNS 시대의 커뮤니티는 특정 공간이나 장소로 개념화되지 않는다. SNS에 접속하는 것이 인터넷에 접속하는 것처럼 여겨지는 시대에는 더더군다나 그렇다. 이때 필요한 것은 울타리가 아니라 '연결된 상태'다. 특정 URL과 도메인에 접속하는 것은 '이동'이다. 하지만 소셜 네트워크는 내 계정에 접속한 바로 그 상태로 세상과 연결된다. 이때 나와 세상을 이어 주는 것은 월드와이드웹이 아니라 해시태그다. 인스타그램에 가입해서 사진을 올린다고 치면, 누가 여기에 사진이 있다는 걸 알 수 있을까? 그걸 알게 만들어 주는 것이 바로 해시태그다. SNS 시대의 커뮤니티는 도메인이 아니라 해시태그로 수렴된다.

해시태그가 커뮤니티의 속성을 반영한다면 문제는 키워드다. 이 키워드는 공동의 관심사·취미·사회적 의제·정체성에 대한 정의 같은 것이다. 키워드를 찾는 것이 곧 커뮤니티를 만드는 일이고, 그것을 선점하는 것이 SNS 시대 커뮤니티 형성의 핵심 전략이 된다.

이것은 발견이 아니라 발명에 가깝다. 같은 맥락으로

공간 SPACE	▶ ▶ 사건 ▶ ▶ EVENT	장소 SCENE PLACE SPOT
어떤 일이든 벌어질 수 있는 곳	시간/경험/관계의 총칭	어떤 일이 실제로 일어나는 곳
누군가에겐 의미없는 곳		누군가에겐 의미 있는 곳

이 시대의 팬은 만드는 것이 아니라 찾아내는 쪽에 가깝다. 잠재적 팬은 인스타그램·트위터·틱톡뿐 아니라 블로그와 웹사이트의 게시판 등 거의 모든 네트워크에 흩어져 있다. 문자 그대로 개인의 시대다. 이 개인을 하나의 집단으로 모으는 것이 커뮤니티 전략의 도전 과제다.

앞서 커뮤니티가 공간이나 장소로 개념화된다고 했다. 그런데 흔히 같은 개념으로 쓰는 공간과 장소는 완전히 다른 말이다. 공간空間은 말 그대로 '비어 있는 곳'이다. 그래서 '어떤 물질 또는 물체가 존재할 수 있거나 어떤 일이 일어날 수 있는 곳'이다. 반면 장소場所는 '어떤 일이 이루어지거나 일어나는 곳'이다. 이 둘의 차이는 무엇일까?

바로 '사건'이다. 공간을 장소로 바꾸는 것은 사건이고, 그 사건을 경험한 사람에게 어떤 공간은 특정 장소로 전환된 것이다. 20여 년 간 홍대 앞에서 수많은 사람과 만나고 먹고 놀고 일하며 살았던 내게 '홍대 앞'은 대체 불가능한 장소지만, 누군가에게는 그저 예쁜 카페와 맛집은 많지만 늘 사람들로 북적이는 번거로운 장소일 수 있다. 아니면 그저 데이트할 때 한두 번 들르는 공간 중 하나거나.

이것을 커뮤니티에 적용해 보면, 새삼 '사건'이 중요해진다. 여기를 오가는 사람들에게 어떤 사건을 만들어 줄 것인가. 커뮤니티 기획이란 바로 그렇게 '사건' 혹은 '이벤트'를 기획하는 일이다. 그 목적은 당연히 구성원에게 커뮤니티를 특별한 곳으로 만들어 주는 것이다. 나는 이것을 '마음이 머물 곳을 만드는 일'이라고 풀어서 정의한다.

마음이 머물고 싶어지는 이유를 만드는 일. 바로 '키워드'를 찾는 일이자 그 키워드에서 '메시지'를 만드는 일이다. 커뮤니티는 애정과 취향이 아니라 메시지를 통해 형성되고 지속되고 확장된다. 흙의 빈틈을 메우면서 땅을 다지는 것처럼 구성원들의 관계를 단단하게 만드는 데에는 메시지가 필요하다.

> **팬덤을 대상화하지 않고 비즈니스를 상상하기**

BTS와 아미를 소환해 보자. #BTS #ARMY라는 해시태그와 SNS로 대변되는 분산된 공동체를 하나로 묶는 것은 키워드와 메시지, 다시 말해 어젠다다. BTS가 아미를 호출한 것은 '정체성'이라는 키워드였고, 거기서 'Love Yourself'라는 메시지가 나왔다. 이 메시지는 'Find Your Name'(네 이름을 찾아)이라는 어젠다로 확장되었고 이 삼각 구도는 자기 정체성이 매우 중요한 10대뿐 아니라 불확실성의 시대를 살아가는 청장년층에게도 강한 동기를 부여했다. 이런 사람들이 자기 자신을 'ARMY'로 재정의하면서 팬덤은 하나의 정서로 결속된다. 마음이 머물 곳이 생긴 것이다. 누군가의 팬이 된다는 것은 '여기에 내 마음이 있다'는 선언이다.

　　정리하자면, 성공적인 팬덤 또는 커뮤니티를 구성하는 데는 다음의 조건이 필요하다.

① 구성원(팬)을 동료로 재정의할 것.

② 구성원(팬)과 함께 성장할 것.

③ 그들과 직접 연결된 키워드를 찾을 것.

④ 키워드를 메시지로 바꿀 것.

⑤ 메시지를 콘텐츠에 반영할 것.

⑥ 콘텐츠의 품질 및 수준을 유지할 것.

　여기서 핵심은 팬을 대상화하지 않는 것이다. 대상화하지 않는다는 것은 그들을 객체로 간주하지 않는다는 얘기다. 아이돌 기획사를 예로 들면 기획사에게 가장 중요한 자산은 아티스트고, 팬덤은 부가가치 정도로 여겨졌다. 하지만 앞으로는 팬을 아티스트와 동등한 수준의 자산으로 여겨야 한다. 미디어 환경이 전보다 복잡해지고 더욱 개인화되는 상황에서 팬은 한 명 한 명이 모두 소중한 자산이다. 기획사의 입장에서 아티스트와 팬은 '동시에' '모두' 중요하다. 이제는 아티스트에게 하듯이 팬을 서포트해야 하는 상황이 벌어진다. 하이브가 팬 경험을 최우선 과제로 설정하고, SM엔터테인먼트가 P2CPlay To Create라는 개념으로 팬이 만드는 2차 콘텐츠를 중요하게 여기는 것도 결국 같은 맥락이다. 콘텐츠를 기반으로 비즈니스를 펼치는 기업은 팬을 '만드는' 것보다 팬의 경험을 '좋은 상태로 유지하고 확장하는' 것을 더 중요한 과제로 삼아야 한다.

더핑크퐁컴퍼니 역시 마찬가지다. 더핑크퐁컴퍼니의 팬은 유아동과 그들의 보호자들이다. 이들의 경험을 최고 수준으로 유지해야 믿을 만한 브랜드로 자리 잡을 수 있다. 그를 위해 콘텐츠의 세부 사항을 개발하고 브랜드 메시지를 반복하며, 그들의 마음에 대체 불가능한 자리를 마련한다.

누구에게나 흔히 '인생 곡'이니 '인생 영화'니 '인생 드라마' 하는 게 하나쯤은 있다. 히트작이든 아니든 상관없다. 그런 작품이 어떻게 내 인생의 작품이 되었는지 되새겨 보자. 일단 보기 전까지는 그 정도로 애정이 높지 않았을 것이다. 내 인생의 영화는 토니 스콧 감독의 『트루 로맨스』다. 이 영화를 비디오로 빌렸던 날, 숱하게 보고 또 봤다. 이유는 결말이 기존의 범죄 영화와 완전히 달랐기 때문이다. 어쩌다 손에 쥐게 된 돈 가방 때문에 온갖 사건 사고를 겪은 주인공들은 어떻게든 살아남아 마침내 외진 곳에서 행복한 여생을 보낸다. 누군가에겐 현실성이라곤 없고 권선징악도 아닌 나쁜 영화겠지만, 나는 이 영화의 엔딩에 완전히 반했다. 이게 메시지다, 나에게 와 닿은.

음악에서는 노랫말과 뮤직비디오가 그런 역할을 맡는다. 처음엔 멜로디가 좋아서, 비트가 좋아서, 제목이 좋거나 가수의 이미지가 좋아서 음악을 반복해서 들을 것이다. 그러다가 뮤직비디오의 내러티브, 노랫말의 표현이나 상징 같은 것이 귀에 들어오고 눈에 밟히면서 남다른 음악이 된다.

내게 『트루 로맨스』의 메시지는 '순수한 사랑은 보상받는다'라는 지극히 동화적인 메시지였다. 이 영화의 각본을 쿠엔틴 타란티노가 썼고 이 영화의 시나리오를 판 돈으로 『저수지의 개들』을 찍었다는 숨겨진 이야기를 알게 되면서, 『트루 로맨스』에 출연한 조연이나 단역들이 게리 올드만·데니스 호퍼·발 킬머·브래드 피트·크리스토퍼 월켄·사무엘 L. 잭슨 등이라는 사실 같은 것이 매우 쿨하게 여겨졌다. 이 영화의 내러티브뿐 아니라 안팎의 정보들이 전체적으로 내게는 큰 메시지가 됐다. 이것은 쿨한 영화다! 이 영화를 좋아하는 사람들을 찾아서 친해지고 싶다!

더핑크퐁컴퍼니에서 콘텐츠를 고민하고, 기술적 지원과 사업전략을 고민하고, 회사의 경영을 고민하는 사람들을 만나면서 새삼 이들 모두가 콘텐츠로, 기업 문화로, 비즈니스 모델로 전하고 싶은 메시지를 만들고 있다는 생각을 했다. 내가 발견한 것은 '건강한 공동체'라는 메시지다.

메시지는 이런 식으로 만들어진다. 논리적이기도 하고 비논리적이기도 하다. 다만 이 콘텐츠를 좋아하고, 크리에이터나 아티스트를 좋아할 만한 이유를 만드는 방향이어야 한다. 콘텐츠를 만들어 간다는 것은 팬을 설득하는 과정, 다시 말해 나를 좋아할 만한 이유를 만들어 주는 과정이다.

'우리는 왜'라는 질문

그렇다면 이런 메시지는 어떻게 얻을 수 있을까? 콘텐츠 크리에이터, 팬덤 기반의 비즈니스 모델을 가진 기업, 아티스트 등은 모두 이 지점에서 '나는 왜 이 일을 하는가?'라고 물어야 한다. 이 질문을 통해서만 팬들에게 전달할 메시지가 나온다.

나는 무엇을 위해 노래하는가? 누구를 위한 노래인가? 혹은 나는 어떤 이야기를 하고 싶고, 그 이야기를 왜 하고 싶은가? 나는 왜 글을 쓰고, 내가 쓰는 글이 어떻게 쓰이기를 바라는가? 나는 왜 작가가 되고 싶은가? 나는 왜 피아니스트가 되고 싶은가? 나는 왜 어린이를 위한 콘텐츠를 만드는가? 이러한 질문에 답하는 과정이 곧 콘텐츠를 만들어 가는 일이고, 그 과정을 둘러싼 이야기가 메시지로 전환된다. 그 메시지를 전달하려고 스토리텔링이 시작된다. 결국 내가 이 일을 해야 하는 이유를 찾을 때 다른 사람도 설득할 수 있다.

팬의 입장에서도 생각해 볼 수 있다. 자신이 관심을 가지는 아티스트가, 작가가, 기획자나 브랜드가 정확하게 자신의 콘텐츠를 만드는 이유를 설득력 있게 설명한다면 어떤 마음일까? 고마워하거나 감동받을 것이다. 우리는 보통 이것을 '공감'이라고 부른다. 공감하는 마음은 응원하는 마음으로 쉽게 전환된다. 사랑에 빠지는 것과도 유사하다. 감정을 주고받는 과정에서 응원과 격려가 함께 자라난다. 앞 장에서 언급한 대로 메시지가 정확히 전달되면 팬의 마음은 가벼움에서 진지함으로 변하고, 그 대상과 거리가 더욱 가까워진다.

그리고 마침내 나와 비슷한 사람들을 찾게 된다. 그들은 어디에 있을까? 그들은 누구일까? 그들과 만나서 무엇을 할 수 있을까? '팬덤 기반의 비즈니스'라는 여정은 바로 이 질문에서 시작해야 한다.

팬은 동료다

1990년대까지 팬덤은 문화 현상(이자 철없는 아이들의 행동)이었지만, 2000년대 이후에는 '핵심 고객 집단'으로 성격이 바뀌었다. 특히 최근에는 콘텐츠와 엔터테인먼트뿐 아니라 제조업 분야에서도 팬덤을 원하는 시대가 되었다.

앞서 팬덤 비즈니스를 '마음의 비즈니스'로 정의하고, 팬을 대상화하지 않아야 한다고 말했다. 팬이라는 존재는 '마음'을 기반으로 움직인다. 이때 마음은 관심이고, 관심은 시간이다. 한 명의 소비자가 팬이 된다는 건 자신의 시간을 더 쓴다는 의미이다. 현대의 기업은 사용자의 시간을 확보하려고 경쟁한다. '기업이나 크리에이터가 고객 중심으로 사고할 수 있는가' 혹은 '고객 중심으로 제품을 설계할 수 있는가'라는 질문이 끊임없이 제기된다.

팬을 단순히 '경제 가치의 창출을 위한 존재'나 '부가 가치' 정도로 정의하면 실패할 확률이 높아진다. 우리는 지금 이러한 '마음'을 기준으로 관계, 관심, 시간, 고객 중심의 의사결정 구조를 하나로 연결해도 성공할까 말까 한 시대를 지나가고 있다. 팬은 고객도 아니고 추종자도 아니다. 팬은 참여자이자 동료이다.

팬을 동료로 정의하는 것이 가장 중요하다. 종교를 예로 들면, 예수와 부처를 따르는 사람들은 스스로를 추종자가 아닌 제자·수행자라고 여긴다. 종교의 메시지만 따르는 게 아니라 특정 세계관 아래에서 자신이 주체적으로 의사결정을 한다고 믿는 것이다. BTS의 팬덤인 '아미' 역시 마찬가지다. 그들에게는 자신의 행동이 사회적인 의미를 지니고 있으며 자신이 세상 곳곳에 선한 영향력을 확산시킨다는 믿음이 있다. 이것이 바로 메시지이며, 메시지로 결속된 커뮤니티는 내부의 문제를 스스로 해결하고 같은 생각을 가진 동료들을 찾아 나선다. 우리 함께 뭔가를 하자, 우리 함께 세상을 바꾸자, 우리 함께 좋은 것을 만들자.

비즈니스 관점에서도 팬은 추종자가 아니라 참여하는 주체가 되어야 한다. 기업은 그들을 수익 구조의 한 단위로 볼 것이 아니라, 그들에게 필요한 건강한 공동체를 만들고 운영해야 한다. 팬을 존중하는 것, 덕질을 긍정적인 개념으로 전환하는 것 모두 이런 맥락에서야 가능해진다.

콘텐츠 비즈니스를 팬덤 비즈니스로 바꾸는 데 필요한 것은 남다른 세계관이 아니다. 사람들이 재미있어 할 만한 스토리텔링도 아니다. 그런 단순한 이야기나 매력이 아니라 일반 사람들이 생각하기 어려울 만큼 거창하고 아름다운 메시지다. 따라서 모든 기업에 팬이 필요한 것은 아니다. 팬이 필요하다고 말하는 순간 그 기업 혹은 개인은 완전히 다른 존재가 되어야 한다.

다만, 앞으로의 비즈니스에서 팬덤은 중요해질 것이다. 누구나 팬을 원하지만 모두가 팬을 다르게 정의하는 시대가 올 것이다. 그러한 '팬의 개념' 중에는 추종자도 있고 고객도 있을 것이다.

앞으로의 비즈니스 환경은 팬덤 중심으로 바뀔 것이다. 그중에는 추종자도 있고 고객도 있다. 어떤 브랜드는 짧은 시간 안에 그러한 사람들을 모을 수도 있을 것이다. 매력 있는 커피숍, 남다른 재미가 있는 브랜드, 오프라인 경험을 위해 애쓰는 기업 등등. 하지만 진정한 팬을 얻는 일은 1~2년이 아니라 10년, 20년 이상의 시간을 들일 때 가능한 일이다. 콘텐츠를 통해서, 사업을 통해서, 캐릭터를 통해서 우리 비즈니스의 어떤 '메시지'를 전할지 고민해야 한다.

그래서 커뮤니티는 취향이 아니라 '행동'을 목적이자 방향으로 삼아야 한다. '○○을 좋아하는 사람들'이 아니라 '○○을 좋아하는 마음으로 ■■를 하고 싶은 사람들'의 모임이 되어야 한다는 얘기다. 팬을 동료로 생각한다는 것, 팬덤을 기반으로 비즈니스를 한다는 것은 결코 쉬운 일이 아니다. 단기간에 얻을 수 있는 결과도 아니다. 그저 시간을 들이고 애정을 들이고, 무엇보다 자기 자신의 일을 정확히 이해할 때 가능한 일이다. 마음의 비즈니스란 바로 그런 일이다.

이 시점에서 더핑크퐁컴퍼니에 주목하는 이유는, 이들이 팬덤 비즈니스를 완성했기 때문이 아니라 그 어려운 여정을 위해 자신의 비즈니스를 재정의하고, 새로운 도전을 멈추지 않으며 남들이 하지 않는 방식을 고민하기 때문이다. 단지 재미있는 교육 콘텐츠를 대량 판매하는 비즈니스에 머물지 않기로 결정했기 때문이다.

출판업을 기반으로 앱 생태계에 뛰어들고, 유튜브에 뛰어들고, 교육 콘텐츠를 동요로 재정의하고, 음악 산업에서 새로운 기회를 포착하고, 캐릭터의 성장 가능성에 집중하면서 가상 캐릭터이자 아티스트이자 핵심 IP로서 핑크퐁을 재정의하고 있기 때문이다. 더핑크퐁컴퍼니는 지난

13년간 한 번도 제자리에 머물거나 안주하지 않았다.

이러한 브랜드가 마음의 비즈니스를 향해 돌진하고 있는 모습을 어떻게 응원하지 않을 수 있을까.

마음의 비즈니스
: 핑크퐁에게 배우는 팬덤과 콘텐츠 비즈니스

2023년 3월 24일　초판 1쇄 발행

지은이
차우진

펴낸이	**펴낸곳**	**등록**	
조성웅	도서출판 유유	제406-2010-000032호 (2010년 4월 2일)	

주소
서울시 마포구 동교로15길 30, 3층 (우편번호 04003)

전화	**팩스**	**홈페이지**	**전자우편**
02-3144-6869	0303-3444-4645	uupress.co.kr	uupress@gmail.com

	페이스북	**트위터**	**인스타그램**
	facebook.com /uupress	twitter.com /uu_press	instagram.com /uupress

사진		**촬영진행**	
심규태(하루스튜디오)		김미한	

편집	**디자인**	**초판**	**마케팅**
사공영, 김정희	이기준	정은정	전민영

제작	**인쇄**	**제책**	**물류**
제이오	(주)민언프린텍	다온바인텍	책과일터

ISBN 979-11-6770-058-2 03320